기술 철학과 인공지능

AI문고

인공지능 시대입니다. 기계가 인간의 인지를 대신하고, 사물이 인간을 통하지 않고 다른 사물과 직접 커뮤니케이션합니다. 이에 따른 인간 삶과 문명 변화를 정확히 이해·예측·대응하는 것은 이 시대 우리 모두의 과제입니다. AI문고는 인공지능 기술과 환경의 여러 주제를 10가지 키워드로 정리합니다. 관련 개념과 이론, 학계와 산업계의 쟁점, 우리 일상의 변화를 다룹니다. 인간과 기술의 현재, 미래를 세심히 분석합니다.

일러두기

- 인명, 작품명, 저서명, 개념어 등은 한글과 함께 괄호 안에 해당 국가의 원어를 병기했습니다.
- 외래어 표기는 현행 어문규정의 외래어표기법을 따랐습니다. 단 몇몇 프랑스철학자의 표기는 프랑스철학회에서 통용되는 방식을 따랐습니다(예: 베르그송 → 베르그손).

처음이세요?

전문가세요?

지금, 큐알 찍으면

- AI 입문서 바로 선물
- 당신만의 필독서 추천
- 500권 요약본 공짜
- 오디오북 무료 사용

기술 철학과 인공지능

황수영

대한민국, 서울, 커뮤니케이션북스, 2025

기술 철학과 인공지능

지은이 황수영
펴낸이 박영률

초판 1쇄 펴낸날 2025년 3월 24일

커뮤니케이션북스(주)
출판 등록 2007년 8월 17일 제313-2007-000166호
02880 서울시 성북구 성북로 5-11
전화(02) 7474 001, 팩스(02) 736 5047
commbooks@commbooks.com
www.commbooks.com

ISBN 979-11-7307-745-6 03500

책값은 뒤표지에 표시되어 있습니다.

차례

인공지능의 기술 철학은 왜 필요한가

기술, 마술, 인공지능

적잖은 문인, 역사가, 기술사가들이 고도로 발달한 기술을 마술에 비교하곤 한다. SF 작가 아서 클라크(Arthur C. Clark)는 기술에 관한 세 가지 법칙을 제시한 바 있다. 그중 가장 잘 알려진 세 번째 법칙은 "충분히 발달된 기술은 마술과 구별할 수 없다"이다. 즉, 인공지능(Artificial Intelligence, AI)을 포함한 현대의 첨단 기술이 인간의 이해를 넘어설 때, 마치 마술처럼 느껴질 수 있다는 것이다. 특히 매우 복잡한 기술에서 그 작동 원리를 일반 대중이 쉽게 이해하지 못할 때 더욱 그러하다. 사실 인류의 역사와 거의 동일한 기원을 가지고 인간의 신체를 보완하는 도구들은 단지 평범하고 자연스러운 사물들로 생각된다. 그러나 인간의 능력을 저만치 뛰어넘어 상상으로만 존재하던 기술들이 눈앞에서 실현되는 것을 볼 때 우리는 그것들이 어떻게 가능한가를 이해하려 하기 이전에 놀라움을 느끼고 감탄을 하게 된다.

하늘을 나는 인류의 오랜 꿈을 실현시켜 준 비행기나

전파를 통해 멀리 떨어진 사람과 소통할 수 있게 해 준 무선 전신, 원격으로 영상과 소리를 동시에 전송하는 텔레비전의 발명은 초기에 마법과도 같은 믿기 어려운 충격과 경이를 선사했다. 곧이어 초고속의 계산에, 정보를 저장하며, 다양한 작업을 자동화할 수 있는 컴퓨터와 전 세계를 실시간으로 연결해 주고 정보의 바다를 탐험할 수 있게 해 주는 인터넷, 스마트폰과 가상 현실, 드론 등등 다양한 첨단 기술의 발명이 뒤를 이으며 각자의 영역에서 기적과도 같은 능력을 선보이고 있다. 그렇다면 인간의 지능을 모방하거나 넘어서는 지점에 와 있는 인공지능의 발전은 어떠한가.

현재 인공지능은 빅 데이터의 축적과 분석 능력의 향상, 알고리즘의 발전, 컴퓨팅 파워 증대 등의 기술적 진보를 기반으로 여러 응용 프로그램을 개발해 산업과 보안, 교육, 의료, 금융 등 다양한 분야에서 커다란 성과를 거두고 있다. 산업에서 인공지능 기반의 자동화 시스템으로 인한 생산성 향상, 의료 분야에서 딥러닝 모델을 이용한 정확한 진단과 예측 및 기록 관리, 교육 분야에서 인공지능 튜터링 시스템에 의한 개인 맞춤형 학습 제공, 보안 분야에서 네트워크 트래픽 분석에 의한 사이버 공격 차단이나 얼굴 인식 기능에 의한 범죄 예방 등 일일이

열거하기가 어려울 정도로 인공지능은 각 분야에서 효율성을 극대화하고 있으며 여전히 그 잠재력을 시험 중에 있다.

이처럼 사회 시스템의 운영과 관련된 효능 외에 개인적 차원에서 인공지능의 존재를 여실히 느끼게 해 주는 사건이 생겨났다. 최근에 비약적 발전을 거듭하며 우리 삶에 깊이 들어온 대화형 인공지능 챗지피티(ChatGPT)의 이용이 그것이다. 챗지피티는 인간이 사용하는 자연언어를 이해하고 텍스트를 생성하는 능력을 향상시킴으로써 인간과 컴퓨터 간의 소통을 더 자연스럽고 효과적으로 만들었다. 이제 인공지능은 단지 실용적 능력만이 아니라 이론적 작업, 예술적 창작 등 다양한 분야에서 인간에게 정보 제공자, 대화 상대자, 영감의 제공자로서 탁월한 역량을 보여 준다. 이는 인공지능의 대중화로 연결되고 따라서 인공지능의 역사도 상당히 특별한 단계로 진입했음을 알리는 듯하다.

챗지피티의 사용은 서양의 신화나 동화에 자주 등장하는 아이템들인 거울, 수정 구슬, 신탁, 마술 램프 등을 상기시키는 데서 흥미로운 점이 있다. 동화 『백설공주』에서 계모인 왕비는 거울을 보면서 자신의 최대 관심사를 묻는다. 델포이의 신탁이나 마법의 수정 구슬은 미래를 예측하고 숨겨진 진실을 드러내는 역할을 한다. 이는 인간 운명의 불확실성과 미래에 대한 두려움을 반영하며, 불확실한 미래를 통제하고자 하는 욕구를 나타낸다. 즉, 생물학적 한계에 갇힌 인간이 이 한계를 넘기 위한 시도를 앎에 대한 욕망으로 표출하는 것이다. 이런 점에서 마술과 기술은 명백한 연속성 속에 있다. 실생활에서 사용하는 기술적 도구들을 포함해 다방면에 걸친 인공지능의 활용은 말할 필요도 없고, 대화형 인공지능의 여러 기능들 역시 단순히 호기심을 충족시키는 차원보다는 더욱 근원적인 생존의 욕망에 연결되어 있는 것이다.

기술과 마술은 인간 욕망 추구의 산물이라는 점에서 유사성과 연속성이 있다. 둘 다 현실과 직접 접촉하는 면에서 순수한 이론적 작업과는 다르다. 그것들은 진실의 내부로 침투하려는 목적을 갖지 않고 잡다한 구체적 지식들을 가지고 무언가를 생산해 낸다. 그것들은 자연을 변형하고 지배하려는 목적에서 유사성을 갖는다(Goffi, 1988/2003). 그리스 신화를 보자. 마법사 메데이아는 자연의 운행을 거스르는 신비한 마법으로 자신의 욕망과 개인적 복수를 실현한다. 한편, 프로메테우스가 인간에게 불을 전해 준 사건은 인간으로 하여금 자연을 지배하고 문명을 발전시키게 한 기술의 발달을 상징하는 사건이기도 하다. 마술과 기술의 차이는 마술이 직접적으로 힘에의 의지와 관련되는 반면, 기술은 힘의 소유를 위한 지적 · 육체적 노력을 요구한다는 점에 있다. 특히 현대의 기술은 첨단 과학을 필요로 하며 그 바탕 위에서 이루어진다. 따라서 우리가 그 과정을 모른다면 현대의 기술적 성과들이 마술처럼 보일 것은 당연하다. 기술적 성과들의 진정한 의미를 파악하기 위해서는 기술의 탄생, 과학과의 연계성, 기술의 전개 과정과 그 결과들, 이에 이르기 위한 인간의 노력을 추적할 필요가 있다. 기술 철학은 이러한 과정과 결과를 대상으로 하는 철학적 사유이며 인공지능의 의미와 그것이 우리 삶에 미칠 영향에 대한 숙고는 그 바탕 위에서 비로소 가능하게 될 것이다.

산업 혁명 이전의 기술

기술의 역사는 인류의 역사와 동일한 기원을 가지고 있으므로 그것을 과학의 역사와 단순 비교하는 것은 별로 의미가 없다. 대장장이신 헤파이스토스는 신화 속에 이미 등장하는 기술의 존재를 보여 준다. 클로드 레비스트로스(Lévy-Strauss, 1955/1998)는 브라질의 원주민들을 오랜 기간 관찰하고 연구하면서 그들의 삶이 아무리 문명 이전의 원초적 상태에 가까운 것처럼 보인다 하더라도 거기에는 아주 정교하고 복잡한 기술이 존재한다는 것을 설득력 있게 보여 준 바 있다.

기술이 과학과 상호 보완적으로 발전하기 시작한 것은 산업 혁명 시기에 이르러서다. 힘의 의지가 진리의 의지와 결합했을 때 상보성은 파괴적인 힘을 낳게 된다. 과학과 기술이라는 용어가 언제나 짝지어 사용되는 것은 바로 이러한 상황에 기인한다. 그러므로 산업 혁명을 전환점으로 하여 이전과 이후의 상황들을 살펴보는 것이 중요하다. 산업 혁명 이전의 전통적인 기술적 도구와 연장들은 대부분 농업, 건축, 가내 수공업 등에서 사용되었고, 그것들은 인간의 신체적 능력을 보완하며 일의 효율성을 높이는 역할에 국한된다. 쟁기, 호미, 망치, 모루, 직조기 등은 단순하거나 복잡한 정도의 차이는 있지만 어떤 경우에든 인간의 개입을 상당히 필요로 하는 연장들이다. 인간은 일을 효율적으로 하기 위해 기꺼이 연장을 사용하는 방법을 익히고 훈련해야 하며 필요하면 연장을 이루는 부품들을 개선해야 한다. 일정한 연장의 사용에 특화된 장인이 자신의 활동과 연장에 대해 애착을 갖는 것은 자연스런 일이며 신체적 노력을 감소시켜 주는 연장과 도구의 개선은 사용자인 인간에게 즉각적인 만족감을 준다. 서구에서는 17세기에서 18세기 사이에

이 분야에서 커다란 기술성의 향상이 이루어졌고 이러한 기술의 발전은 프랑스 계몽주의자들에게 진보라는 이념을 구체화하는 징표가 된다(황수영, 2011).

기술의 존재가 인류의 역사와 동시적이라는 명백한 사실에도 불구하고 동서를 막론하고 기술과 기술에 종사하는 사람들에 대한 평가는 매우 인색했던 것이 사실이다. 이런 상황은 서양 근대에 와서 극적으로 역전된다. 근대의 사상가들 상당수는 기술에 대한 재평가를 통해 기술의 발전이 인간 삶의 조건을 개선할 중요한 요인이라는 것을 강조했다. 프랑스 계몽주의자들은 28권의 『백과전서』를 편집해 그때까지 알려진 다양한 기술과 과학 지식을 집대성했다. 그들은 기술의 혁신이 생산성을 향상시킬 뿐만 아니라 사회적 불평등을 줄이고 교육과 직업 기회를 확장시키는 데 기여할 것이라고 보았는데, 이는 기술이 사회 개혁의 도구로 사용될 수 있다는 믿음으로 이어진다. 이런 태도는 근대의 전형적인 기술 낙관론에 바탕을 두고 있으며 19세기 산업 혁명의 발발을 가능하게 한 근본 태도를 이룬다.

낙관과 비관, 산업 혁명 이후의 기술과 인공지능

기술에 대한 긍정적 태도에서는 산업 혁명 전후에 연속

성이 있다. 산업 혁명 직전에 증기 기관을 비롯한 많은 기술들이 이미 사용되고 있었던 것도 사실이다. 그러나 산업 혁명은 강력한 동력의 발명에 의해 인류의 삶을 이전과는 비교 불가능한, 되돌릴 수 없는 길로 들어서게 만들었다. 제임스 와트(James Watt)는 기존의 증기 기관을 개량해 전대미문의 효율성을 가진 동력을 선보였으며, 이는 과거에 특정 위치에서만 사용되던 수력이나 풍력과 달리 연료만 있으면 어디서나 사용할 수 있는 독립적인 에너지 원천을 제공함으로써 공장, 광산, 철도, 선박 등 다양한 분야에서 물리적 인프라를 구축하고 산업 발전의 초석을 놓았다. 증기 기관의 활용 분야가 넓어졌을 뿐 아니라 기관의 규모가 커질수록 효율성은 기하급수적으로 증가하다 보니 일괄 공정을 목표로 하는 독점적 거대 공장들이 건설되기 시작했다. 증기 기관은 기술 발전의 가속화를 추구하는 19세기적 진보의 상징이 되었다. 생산성 향상에 의한 경제 성장의 촉진, 일자리 창출, 물질적 풍요 및 교통수단의 혁신으로 인한 물류와 상업의 혁신, 국제 무역의 성장 등에서 볼 수 있듯 이제 기술에 대한 낙관은 단순히 추상적 태도 속에서가 아니라 구체적 삶 속에서 전 인류적 차원으로 확대된다.

기술에 대한 낙관적 태도만 있었던 것은 아니다. 기술

낙관론의 반대편에는 기술에 대한 비관론, 심지어 기술 공포증이라고까지 말할 수 있을 태도가 있다. 산업 혁명이 한창 진행되고 있던 절정기에 이미 윌리엄 워즈워스(William Wordsworth) 등 낭만주의 문인들을 중심으로 과학 기술의 위험과 우려가 심각하게 제기되었다. 공장과 기계는 자연을 훼손하고 도시화된 삶은 인간과 자연의 유대를 약화시킨다. 산업 사회의 기계화된 노동은 인간의 창의성과 개성을 억압하며 인간의 소외감과 인간성 상실을 야기한다. 게다가 기계화로 인해 일자리를 잃게 된 노동자들이 기계를 파괴한 러다이트 운동은 기술 혁신이 가져온 사회 경제적 부작용을 상징적으로 보여준다. 기술의 긍정적 측면을 충분히 알고 있었던 카를 마르크스(Karl Marx)도 기계화된 대량 생산 속에서 노동자들은 기계의 부속품처럼 취급된다는 것, 즉 기술 발전으로 인해 노동자들이 생산 과정에서 소외되는 결과를 낳게 되었다는 엄혹한 비판을 가했다. 질베르 시몽동(Simondon, 1958/2011)의 관점에 의하면 인간이 기계 앞에서 좌절을 느끼는 것은 기계가 연장을 다루고 조종하던 개체로서의 인간을 대체하기 때문이다. 인간은 기계를 관리하거나 보조적인 역할을 할 뿐이며 과거에 연장들과 직접 맺고 있던 심리 생리학적 만족감을 상실한다. 이는 인간이 가진 기계에 대한 반감을 또 다른 맥락에서 설명하고 있다. 이 시기에 진보는 더 이상 인간 개체에 의해 체험되지 않고 공장의 규모, 인구, 성장률 등 수량화된 척도에 의해 표현될 뿐이다.

20세기에 인류는 또 다른 종류의 기술 혁신을 목격한다. 루이스 멈퍼드(Mumford, 1934/2013)는 기술의 발전을 세 단계로 나눈다. 산업 혁명 이전의 10세기부터 18세기는 원기술(eotechnic) 단계, 산업 혁명 시대는 구기술(paleotechnic) 단계, 20세기 초반의 기술은 신기술(neotechnic) 단계로 명명된다. 그는 구기술 시기에 대해서는 비관적 태도를 보여 주면서도 신기술 시기에 대해서는 낙관적 전망을 제시했다. 전자가 광산, 공장, 제철소, 빈민촌 등으로 상징되는 비인간적 야만주의로 점철되었다면, 후자는 전기라는 새로운 에너지의 원천 속에서 더욱 유기적이고 섬세한 기술로 나아가고 있다는 것이다. 전지, 축전지, 발전기, 모터, 전화, 라디오 등 19세기 중후반에 이루어진 기술적 발명들이 산업에 적용되어 그 흐름을 바꾸기 시작한 것은 20세기 들어서이다. 오늘날 2차 산업 혁명이라 불리기도 하는 이 단계는 전자기학을 중심으로 하는 본격적인 과학적 작업의 산물이다. 전기는 증기 기관의 한계를 효과적으로 보완하며 빠르게 실생활에 침투했다. 무엇보다 전기 모터와 전자 제어 시스템은 기계를 소형화하면서도 더욱 정밀하게 해 자동화를 촉진했다. 사실 기계의 자동화는 증기 기관처럼 기계가 연장을 다루는 인간의 노력에서 벗어나 자체의 동력으로 구동되었을 때 본격적으로 시작되었다고 할 수 있다. 그러나 대형 증기 기관에 의지할 수밖에 없던 소규모 생산 라인 및 소형 기계들은 독립적으로 발전할 수 있는 여지가 없었다. 전기 사용의 유연성은 이런 점을 극복하게 해 준 것이다.

20세기를 지나오면서 인류는 전기 기술 또한 기계화에 의한 노동자의 소외, 사회적 불평등의 심화, 환경에 미치는 부정적 영향 등 산업화의 근본적 난점에서 자유롭지 않다는 것을 알게 된다. 멈퍼드(1934/2013)는 뒤늦게 신기술에 대한 자신의 기대를 수정하며 기술 발전이 인간적이고 지속 가능한 방식으로 이루어져야 한다는 것을 강조한다. 이와 같이 산업 혁명 이후의 기술 발전은 장점과 단점, 낙관과 비관이라는 양면성을 공유한다. 20세기 중엽부터 시작해 오늘날 4차 산업 혁명의 상징으로 등장한 인공지능도 마찬가지다. 인공지능은 섬세함이나 유연성에서 과거와는 비교할 수 없는 수준에 이르렀다. 대규모 데이터들을 정교하게 분석하고 처리하며 또한 데이터를 학습해 패턴을 인식하고 예측 모델을 구축하는 인공지능은 매우 높은 수준의 정밀성을 요구한다. 인공지능의 자연어 처리 기술은 인간의 언어를 이해하고 생성하는 데 매우 섬세한 접근을 필요로 한다. 그것은 문맥을 이해하고, 미묘한 의미 차이를 구별해, 뛰어난 정확성을 가지고 답변을 제공한다. 과거와는 질적으로 다른 자동화 기술 속에서 다양한 분야에 유연하게 적용되는 인공지능은 신체적 활동을 대체하던 과거의 기술과 달리 인간의 정신적 활동을 대체하는 단계에 이른 것이다(이태수, 2019).

한편, 인공지능의 개발 역시 다른 기술들과 마찬가지로 다양한 문제들을 야기할 수 있다. 우선 인공지능은 대규모 데이터를 다룰 수 있는 소수의 기업들에서 운영되며, 이러한 기업들은 막대한 전력을 소비하므로 환경 문제에서 자유롭지 않다. 게다가 이러한 거대 기업들이 대규모 데이터를 독점적으로 다루는 상황에서, 데이터 접근성과 인재 확보에서 어려움을 겪는 소규모 중소기업들이 사라질 위험이 상존한다. 인공지능과 자동화 기술의 결합은 많은 직업을 대체할 수 있다. 특히 반복적이고 규칙적인 작업을 수행하는 직업은 설사 정신노동이라 하더라도 인공지능 로봇에 의해 대체될 가능성이 높다.

인공지능에서는 특히 윤리적 차원에 관련된 문제들이 심각할 수 있다. 시스템이 오작동할 때 책임 소재가 불명확하다는 점, 인간의 통제력을 벗어나는 치명적인 문제가 생겨날 가능성이 상존한다는 점 등이 해결해야 할 문제로 남아 있다. 철학적 차원에서는 인공지능의 존재를 어떻게 보아야 할 것인가, 인간과의 관계를 어떻게 정립할 것인가 등과 같은 문제들이 새로운 난제로 대두한다.

자동성, 자율성, 인공지능

인공지능은 문자 그대로 정의하면 인간의 지능을 모방하는 기계의 지능이다. 그러나 이와 같은 당연하고도 피상적인 정의는 기술의 발달사에서 그것이 차지하는 위치와 역할, 의미를 고려할 때 비로소 실질적인 의미로 채워질 수 있다. 인공지능은 알고리즘과 모델, 프로그램 등 소프트웨어로서 역량을 실현하는데, 이를 위해서는 성능이 뛰어난 컴퓨터, 서버, 메모리 등 하드웨어에 장착되어야 한다. 1950년대 나타난 초기 컴퓨터는 복잡한 계산과 정보 처리 작업, 통계 분석 등 인간의 지적 능력을 모방하는 분야에서 탁월한 역량을 드러냈다. 그런데 인공지능은 지능적 활동이라 하더라도 상당 부분 반복적 작업을 포함하기 때문에 자동성이라는 특징을 갖는다.

예를 들면 컴퓨터 제어 시스템들이 공장이나 항공기, 선박 등 복잡하고도 정교한 분야에서 자동화를 가능하게 한 것이다. 더 나아가 인공지능은 조건과 규칙에 따라 어떤 의미에서는 자율적으로 의사 결정을 내릴 수 있는 능력을 갖게 되었다. 체스 프로그램이 주어진 규칙 내에서 스스로 최적의 수를 결정하는 것이 그러하다. 요약하면 인공지능을 이전의 기술들과 비교할 때 종차에 해당하는 특징은, 첫째로 그것이 전통적으로 정신적 기능이라 간주되던 영역에 침투한다는 것, 두 번째는 지적 기능을 필요로 하는 높은 수준의 자동화를 가능하게 한다는 것, 세 번째는 인간에게만 존재하는 것으로 생각되던 자율성을 일정 부분 소유하고 있다는 것이다(김대식, 2016). 여기서 우리는 자동성(automation)과 자율성(autonomy)이라는 두 단어의 어원적 의미를 살펴볼 필요가 있다.

'자동'이라는 단어는 '자기 스스로'를 의미하는 'auto-'와 '움직임'을 의미하는 'matos'가 결합된 그리스어에서 유래했다. 'automatic'이라는 영어 단어는 17세기 말에 처음 사용되었고, 스스로 움직이는 기계를 설명하는 데 사용되었다. 자동성은 외부의 개입 없이 시스템이 미리 정해진 일련의 동작을 수행하는 것을 의미한다. 즉, 프로그램이나 설정에 의해 사전에 정의된 작업을 수행하는 능력이다. 한편, '자율성'이라는 단어 역시 그리스어에서 유래했으며, '자기 스스로'를 의미하는 'auto-'와 '법'을 의미하는 'nomos'가 결합된 것이다. 자율성이라는 단어는 칸트 윤리학에서 스스로 자신의 윤리적 원칙을 정하는 '의지의 자율성'이라는 개념으로 많이 알려져 있지만, 여기서는 어떤 존재자나 시스템이 외부의 지시 없이 독립적으로 판단하고 행동할 수 있는 능력을 의미한다. 따라서 그것은 시스템이 환경과 상호 작용하며 스스로 학습하는 능력, 상황을 판단하는 능력 및 의사 결정을 할 수 있는 능력을 포함한다. 즉, 더 복잡하고 변화하는 상황에서도 독립적으로 적응할 수 있는 능력을 의미한다.

자동성과 자율성이라는 두 단어는 모두 스스로를 의미하는 'auto-'라는 접두사를 가지고 있으며, 이는 어떤 형태로든 외부의 직접적인 개입 없이 스스로 동작하거나 결정을 내리는 것을 나타낸다는 점에서 유사성이 있다. 자동화 인공지능의 사례로는 자동차 조립 라인에서 미리 프로그래밍된 일련의 동작을 반복적으로 수행하는 로봇, 대량의 데이터를 사전에 설정된 규칙에 따라 자동으로 처리하고 분석하는 알고리즘, 특정 질문에 대해 미리 정의된 답변을 제공하는 고객 서비스의 챗봇 등이 있다. 자율성을 가진 인공지능의 사례로는 가변적인 도로 상황과 예측할 수 없는 사고에 대응해 독립적으로 운전할 수 있는 자율 주행 자동차, 인간의 도움 없이 탐사를 수행하는 우주 로봇이나 지구의 위험한 지역에서 작동하는 로봇, 복잡한 의료 데이터를 분석하고 새로운 패턴을 학습해 질병을 진단하는 인공지능 시스템 등이 있다.

이 책의 구성

1장에서는 고대와 근대의 간략한 기술 철학의 역사를 서술하고 인공지능 기술에 이르기 전 이성과 지성, 지능의 개념이 어떤 변천을 겪어 왔는지 개념의 역사를 살펴본다. 또한 인공지능 연구의 학문적 기초라 할 수 있는 인지 과학의 세 입장이 인공지능 연구에 시사하는 바를 간략히 알아본다.

2장에서는 기술 철학자 시몽동의 이론을 바탕으로 기술적 대상들을 분류한다. 그에 따라 기술적 존재자들을 요소, 개체, 집합체로 분류하면 이를 귀납적 연구의 대상으로 삼을 수 있다. 인공지능도 마찬가지의 기준에 따라 알고리즘이라는 요소와 프로그래밍 언어로 구현되어 실행되는 개체, 다양한 네트워크 속에서 활용되는 집합체로 나눌 수 있다.

3장에서는 생명과 기계를 각각 존재자의 모범으로 보

는 입장들을 비교한 후 이들이 현대의 인공지능 연구에 미친 영향을 조명해 본다. 고대의 목적론적 설명과 근대의 기계적 자연관이라는 극단적인 두 입장, 생명의 독특한 속성을 강조하는 근대 생기론과 이러한 관점을 소화해 새롭고도 유연한 기계의 개념을 제시한 사이버네틱스 입장, 그리고 사이버네틱스를 이어받은 인공지능 기계에 이르기까지 기계의 개념은 발전과 진화를 거듭한 것을 알 수 있다.

4장에서는 기술적 대상들이 시간과 환경에 따라 변화하는 과정을 시몽동의 이론에 따라 추적해 본다. 기술적 대상들의 전개는 단일 기능의 추상적 형태에서 다기능을 하는 구체적 형태로 나아가며 거기에는 일정한 규칙이 있고 생명의 진화에 비교할 수 있는 진화적 특징이 있다. 이에 따라 인공지능도 규칙 기반의 추상적 형태에서 데이터 기반과 신경망 연구라는 구체화로 가는 여정을 따른다는 것을 알 수 있다.

5장에서는 서양 철학에서 고정불변의 존재를 우선시하는 입장과 생성 · 변화 · 창조를 강조하는 입장을 비교한 후 인공지능의 발전이 오늘날에는 후자의 입장에 더 가깝다는 것을 보여 준다. 신경망 연구에서 나타나는 인공지능의 발전은 규칙 기반의 선형적 인과성에서 비선형적 인과성으로, 복잡계 현상들과 유사한 창발적인 과정으로 진화하는 것을 볼 수 있다.

6장에서는 '존재의 철학'과 '생성의 철학'에서 각각 자기 동일성 개념의 규정을 살펴본 후 기술적 대상은 전자에서 주장하는 영원불변의 자기 동일성이 아니라, 후자에서 주장하는 생성 · 변화하며 단지 일정한 구조와 환경 안에서 지속되는 자기 동일성을 갖는다는 것을 보여준다. 인공지능의 자기 동일성 또한 단지 소프트웨어 프로그램인 것만이 아니라 소프트웨어와 하드웨어의 결합 및 환경과의 상호 관계에 의해 규정된다.

7장에서는 현대 철학에서 확대되고 심화되는 환경에 대한 관심을 하이데거와 시몽동을 통해 알아보고 기술적 존재자들에게 환경이 어떤 의미로 어떻게 작용하는지 살펴본다. 인공지능의 경우 환경은 컴퓨팅 자원, 데이터, 네트워크 연결 외에도 사용자와의 상호 작용과 피드백을 포함하는 복합적 체계를 이룬다.

8장에서는 인공지능과 인간의 바람직한 관계 맺음이 어떠한 것일지를 알아본다. 튜링 테스트 이래로 기능주의는 인간과 인공지능의 기능적 동일성을 주장하는데 이는 트랜스휴머니즘으로 가는 길을 열었다. 그러나 동일성이 아니라 차이에 기초해 양자의 관계를 새롭게 정립하려는 시도가 중요하다. 생명체가 내포하는 주관성과 신체성을 포함해 각 존재자들의 독특성과 동시에 존재론적 동등성을 인정한다면 인간과 인공지능의 관계를 동반자로 정립할 수 있다.

9장에서는 인간 사회에서 윤리적 존재자의 조건으로 실천 이성과 자율성, 피동자 개념을 제시하고 인공지능이 인간과의 관계에서 야기할 수 있는 윤리적 문제들을 다룬다. 분석적 지능만을 가진 인공지능은 인간의 도덕적 행위의 영향을 받는 측면도 있고 또한 일정한 수준에서 자율적 결정과 실행을 할 수 있다. 여기에 피동자의 윤리 또는 자율성이나 책임의 윤리를 각각의 특수성을 고려해 변형된 형태로 적용할 수 있다.

10장에서는 기술과 마술의 기원을 알아보고 그 상호 관계가 어떻게 지속, 분리되었는지를 살펴본다. 마술과 기술이 동일한 상징적 기원을 가진다는 철학적 입장에서 시작해 근대 이후 기계적 자연관에 의해 마술적 사고가 배제되면서 과학 기술과 인문 문화가 분리되는 과정을 살펴보고, 현대에 이르러 첨단 기술에 대한 접근의 어려움으로 인해 혼란이나 마술적 경이감이 다시 나타나는 현상 등의 주제를 다룬다.

참고문헌

김대식(2016). 『인간 vs 기계』. 동아시아.

이태수(2019). 진화의 끝, 인공지능?. ≪인간, 환경, 미래≫, 22(4), 7-30쪽.

황수영(2011). 서양 근대사상에서 진보와 진화 개념의 교착과 분리. ≪개념과 소통≫, 7, 105-134쪽.

Goffi, J.-Y.(1988). *La philosophie de la technique*. 황수영 옮김(2003). 『기술 철학』. 한길사.

Lévi-Strauss, C.(1955). *Tristes tropiques*. 박옥줄 옮김(1998). 『슬픈 열대』. 한길사.

Mumford, L.(1934). *Technics and civilization*. 문종만 옮김(2013). 『기술과 문명』. 책세상.

Simondon, G.(1958). *Du mode d'existence des objets techniques*. 김재희 옮김(2011). 『기술적 대상들의 존재 양식에 대하여』. 그린비.

01
근대 기계론적 세계상과 인공지능

고대 이래로 기술은 실용적 특성으로 인해 그 가치를 인정받지 못했다. 근대 이후 베이컨과 데카르트가 이루어 낸 사유의 혁명에서 자연을 지배하려는 인간의 욕망이 가감없이 드러나고 도구와 기술에 대한 전면적인 재평가가 이루어진다. 인공지능은 인간의 지성을 대신하는 기능이지만 밝은 빛 아래 드러난 욕망의 질주의 결과이기도 하다.

AI와 1인 창업?

고대와 근대의 기술 철학

고대 그리스 철학에서 기술에 대한 호의적 평가를 찾아보기는 어렵다. 플라톤은 『파이드로스(Phèdre)』에서 도시 국가에 존재하는 아홉 가지 삶을 분류하는데, 기술자에 해당하는 장인은 아래로부터 전제 군주와 소피스트에 이어 세 번째 유형에 가까스로 속한다(Platon, 2020). 그나마 『국가(République)』에서는 장인이 존재할 자격을 부여받는 것이 주목되는데, 이는 장인이 생활에 필요한 것들을 생산하기 때문이다(Platon, 2016). 반면에 예술가는 생산된 것, 즉 모방된 것을 또 모방하기 때문에 추방되어야 한다. 이처럼 기술의 위상은 존재의 위상과 맞물려 있다. 영원한 본에 해당하는 이데아계, 이를 모방하는 감각 세계, 이를 다시 모방하는 가상의 세계라는 세 가지 층위에서 중간 단계에 관련된 기술은 감각적, 경험적, 도구적 차원에 머물기 때문에 여전히 평가 절하되는 것을 볼 수 있다(Goffi, 1988/2003).

한편, 아리스토텔레스는 기술이 숙련된 지식으로 인간의 삶을 개선하는 역할을 한다고 보았다. 그러나 세계를 형상과 질료의 결합으로 보는 아리스토텔레스는 이 이론을 인공물에 대해서도 마찬가지로 적용한다. 기술자가 무언가를 만들어 내는 것은 형상을 부여하는 것이기 때문이다. 그런데 자연물을 "내적인 원리에 의해 움직이는 것"으로 정의한 아리스토텔레스에게 인공물을 움직이게 하는 원인은, 그것이 형상인이든 운동인이든 바로 인간이다(Aristote, 1986). 원인을 자기 자신 안에 가진 존재자가 그것을 자신의 밖에 가지고 있는 존재자보다 우월하다. 여기서도 역시 자연물과 인공물 간에 분명한 위계가 세워진다.

근대의 여명기라 불리는 중세 말과 르네상스를 거치며 근대 초에 이르기까지 여러 중요한 기술이 발달했다. 멈퍼드(Mumford, 1934/2013)가 원기술 시대로 분류한 이 시기에는 기술적, 철학적 변화들이 이후의 기술 혁명에 중요한 역할을 하게 된다. 수력(물레방아)과 풍력(풍차)이라는 동력원의 발달과 확산, 그리고 농업, 건축, 군사, 운송과 관련된 인프라의 발달 외에 인쇄기, 나침반, 망원경과 현미경 등 정교한 도구들의 발명이 있었다. 무엇보다 주목할 것은 기계적 원리를 활용한 추시계나 태엽시계와 같은 초기 자동 기계들이 발명되었다는 것이다. 시계의 창안과 발전은 근대인으로 하여금 세계를 기계적 원리로 바라보게 한 모범 사례 역할을 한다. 시계는 인간의 삶을 동일한 단위들로 분할하면서 시간을 그것이 본래 부착되어 있던 유기적 삶으로부터 탈착시켰다.

앙리 베르그손(Bergson, 1889/2001)이 말하듯이 이러한 시간은 수학적 공간과 동일하게 가역적이고 가분적인 성격을 지녔다. 사물을 내재적 가치가 아니라 양의 측면에서만 평가하고 이용하는 점에서 그러하다. 르네 데카르트(Rene Descartes)가 구상한 기계적 세계관이 바로 이러한 얼굴을 하고 있다. 그와 더불어 갈릴레오 갈릴레이(Galileo Galilei), 존 로크(John Locke)가 공통적으로 강조하는 제1성질들(운동, 연장, 형태, 질량 등)은 양적 가치의 세계를 나타낸다. 이러한 세계에서 존재의 특징을 가장 잘 구현하는 것은 기계가 아니고 무엇이겠는가?

데카르트의 세계에서는 자연물이 아니라 인공물이 존재의 모범이 된다. 아니 자연물과 인공물의 구분 자체가 무의미해진다. 왜냐하면 이제 세계 자체가 풀 냄새 나는 전통적 자연에서 질량을 가진 점(질점)들의 운동 무대인 인공적 자연으로 대체되었기 때문이다(Koyré, 1957). 우주는 거대한 기계이며 동물은 자동 기계이고 인간도 신체적 활동에서는 이와 동일한 기계적 본성을 가진다. 신이 기계적 원리에 의해 이 세계를 창조했기 때문에 인간의 기술이 동일한 원리로 무언가를 만들어 낸다면 자연물과 인공물의 차이는 있을 수 없다.

이러한 우주의 기계적 원리는 인간의 지성에 의해 인

식된다. 합리론자인 데카르트에게 지성은 인식 기능이지만 동시에 그는 우리가 지식을 필요한 곳에 사용함으로써 자연으로부터 원하는 것을 얻을 수 있다고 보았다. 그는 『방법서설』(1637/1997)에서 과학과 기술의 적절한 사용을 통해 "우리는 자연의 지배자이자 소유자가 될 것"이라고 말한다. 즉, 과학과 기술의 발달은 욕망을 충족시키기 위한 중요한 수단으로 여겨졌다. 이 점에서 데카르트는 경험론자인 프랜시스 베이컨(Francis Bacon)의 견해에 합류한다. 베이컨은 우리가 자연에 복종함으로써, 즉 자연의 원칙들과 인과관계를 이용함으로써 자연을 지배할 수 있다고 주장한다.

이성, 지성, 욕망

플라톤에게 이데아계는 영원한 본의 세계, 진리의 세계이다. 따라서 이성(raison) 또는 지성(intelligence)으로 번역되는 그리스어 누스(nous)는 진리를 명상하고 관조하는 마음의 기능이지 지식을 이용해서 무언가를 생산하는 기능이 아니다. 생산하는 일은 감각 세계에서 나타나는 욕구 충족을 위한 것이어서 지성의 순수한 기능에 비해 저급한 수준에 있다. 한편, 근거 · 말 · 원리 · 추리 등의 의미를 가진 'logos'도 이성이라는 의미를 포함하는 데, 이는 좀 더 객관적인 우주의 질서에 가깝다. 이는 라틴어 'ratio'로, 영어의 'reason', 프랑스어의 'raison'으로 이어진다. 데카르트의 경우 이성(raison)은 자아의 내부에서 확실한 인식을 추구하고 발견하는 능력이다. 지성(entendement)은 우리가 가진 관념들에 대한 정확한 판단을 하고, 관념들 간의 관계를 파악하며, 논리적 결론을 도출하는 데 사용된다(Descartes, 1974-1986). 플라톤에게 이성이 이데아계를 전제하는 형이상학적 특성을 가지고 있다면 데카르트에게 그것은 단지 진리를 관조하는 기능이 아니라 자연의 법칙을 이해하고, 이를 통해 인간의 삶을 개선하는 데 중요한 역할을 한다. 두 철학자에게 이성 또는 지성은 공통적으로 진리의 추구를 목표로 하며 확실한 지식의 모범은 수학이지만, 데카르트에게 진리 추구 행위는 과학적 탐구와 기술 발전으로 나아간다는 것이 차이점이라 할 수 있다.

이성과 지성은 근대 초에 이르기까지 다소간의 의미 차이는 있으나 혼용되어 쓰였다. 하지만 이마누엘 칸트(Immanuel Kant)는 두 용어를 명확히 구별하고 각각의 의미를 재규정한 바 있다. 지성(Verstand)은 우리가 경험을 통해 얻는 지식을 개념 범주들을 통해 체계적으로 정리하고, 이해하며, 분석하는 능력이다. 이성(Verstehen)

은 지성이 다룰 수 없는 초경험적 영역, 즉 궁극적이고 보편적인 원리를 탐색하지만, 지성이 제공하는 경험적 지식을 벗어나면 공허한 사변적(speculative) 활동이 된다. 플라톤, 데카르트, 칸트와 같은 합리주의 입장에서는 인간을 규정하는 본성은 이성이나 지성이며 욕망은 더 우월한 능력인 이성에 의해 조절되거나 통제되어야 한다고 본다.

한편, 베이컨, 로크, 토머스 홉스(Thomas Hobbes)와 같은 경험주의 입장에서는 인간은 무엇보다 감각적 욕망에 의해 행동하는 존재이며 이성(reason)이나 지성(understanding)은 인간이 자신의 생존과 번영을 위해 사용하는 도구에 지나지 않는다. 이들에게 이성은 논리적 추론, 계산, 분석, 연역적 혹은 귀납적 사고 등의 기능을 담당하며, 지성은 경험적 자료를 처리하고 그 바탕 위에서 개념과 관념을 형성하며, 현실 세계를 인식하고 설명하는 기능이다. 두 기능은 다소의 의미 차이가 있지만 모두 욕망을 만족시키기 위한 방법을 계산하고 계획하는 역할을 한다.

오늘날 주로 사용되는 지성(intelligence) 개념은 그리스어 'nous'를 번역한 라틴어 'intelligentia'에서 유래한다. 이는 근대 이전까지 감각을 넘어서는 초월적 능력, 신적인 능력을 의미했기에 근대 이후에는 거의 사용되지 않고 위에서 살펴본 'understanding'(영), 'entendement'(프), 'Verstand'(독) 등으로 대체되었다. 20세기 이후 심리학 연구에서 인간과 동물의 인지 능력을 수량화하는 과학적 연구가 활성화되면서 지성 또는 지능을 의미하는 'intelligence'라는 용어가 일반화되었다. 인공지능의 연구도 이러한 맥락의 연장선상에 있다고 할 수 있다(허희옥 외, 2017).

인지 과학의 세 가지 입장과 인공지능

인지 과학은 인간의 마음과 지능을 연구하는 학문으로, 인공지능 연구의 자극을 받은 여러 학문 분야의 교차점에서 발전했다. 여기에는 심리학, 언어학, 철학, 신경 과학, 공학, 인류학 등이 포함된다. 인지 과학의 주요 목표는 인간의 사고, 학습, 기억, 문제 해결, 언어 처리, 지각과 같은 인지 과정을 이해하는 것이다. 따라서 인간의 지능을 모방하는 인공지능 연구의 학문적 기초는 인지 과학의 발달에서 찾을 수 있다. 인지 과학의 세 가지 주요 입장인 기호주의(symbolism), 연결주의(connectionism), 체화주의(embodied cognition)는 인공지능 연구의 전개 과정에 상응한다(정혜선, 2020).

데카르트의 기계론적 세계상은 근대의 과학 기술 발전에 토대가 되었을 뿐 아니라 인지 과학 및 인공지능 연구의 시작에도 중요한 영향을 미쳤다. 인지 과학의 첫 단계로 알려진 기호주의 입장은 인간의 지능을 객관적으로 나타난 행동을 통해 연구하는 행동주의에 대한 반발로 나타났다. 이에 의하면 지능의 본질은 추상적 기호들의 조작 및 추론, 계산을 담당하는 수학적 논리에 의해 드러날 수 있다. 최초의 인공지능 연구가들인 앨런 뉴얼(Allen Newell)과 허버트 사이먼(Herbert A. Simon)은 지능의 활동이 일정한 규칙들에 의해 기호를 조작하는 과정이라고 보는 '물리적 기호 체계의 가설'을 제안한다. 따라서 인지 과정은 컴퓨터의 정보 처리 과정에 비유될 수 있고 인공적으로 구성이 불가능할 이유가 없다. 이러한 입장은 지능의 활동을 경험적 과정보다는 마음의 순수한 논리적 과정으로 보는 데서 데카르트의 입장과 유사하다. 다만, 데카르트는 심신 이원론자로서 마음을 비물질적 실체, 신체를 물질적 실체로 정의한 반면, 기호주의는 물리적 체계를 기반으로 하고 마음을 뇌의 물리적 기호 체계에서 비롯하는 기능으로 본다는 점에서 차이가 있다.

추상의 영역으로 축소된 데카르트의 기계론적 세계상

이 포괄하지 못한 대상 영역들이 남아 있었는데 그것은 19세기에 와서 비로소 과학적 접근이 가능하게 된 열과 불, 전기와 자기, 특히 생명과 관련된 구체적 대상들이다. 마찬가지로 지능의 본질을 논리적 기호 조작으로 보는 기호주의는 현실의 복잡한 문제들을 해결하는 데서 한계를 보였고 침체기를 맞는다. 특히 인공지능이 문제 해결을 목표로 하는 인간의 지능을 모방하려고 한다면 인간의 생명적 특성을 도외시해서는 안 될 것이다. 따라서 인지 과학의 두 번째와 세 번째 단계는 생명의 특성과 긴밀한 연관 속에서 전개된다. 생물학과 뇌 과학의 성과에 입각한 연결주의 입장은 인간의 사고가 뇌의 신경 세포 뉴런들 간의 연결과 그 안에서의 신호 처리 및 교환에 의존한다고 본다. 인지 과정은 신경 회로들의 형성과 변화에서 비롯하며 오로지 논리적 과정인 것이 아니라 지각과 감정, 기억 등 다양한 내적 상태들이 통합되어 나타난다. 인공지능 연구는 이를 모방하는 인공 신경망 모형을 개발해 컴퓨터로 구현하려는 시도로 나타났다. 프랭크 로젠블랫(Frank Rosenblatt)이 1958년에 개발한 퍼셉트론(perceptron)은 인공 뉴런을 사용해 학습할 수 있는 시스템을 만들려는 시도다. 인공 신경망 기술은 21세기 빅 데이터의 출현과 심층 학습(deep learning)의 발달로 더욱 향상된 성과를 제시한다.

기호주의와 연결주의는 공통적으로 인간의 인지적인 능력을 강조하는 입장이다. 두 입장에서 인지 과정은 시스템의 내부 구조에 의존해 있어서 변화하는 환경에 적응하기 어려운 문제점이 있다. 세 번째 단계로 나타난 체화주의는 신체의 작용과 환경의 상호 작용을 강조한다. 사고와 행동은 단순히 뇌의 정보 처리 과정에만 의존하지 않으며, 신체의 구조와 기능 그리고 우리가 세상을 경험하는 방식으로부터 형성된다는 것이다. 인공지능을 갖춘 로봇은 환경을 탐색하고, 물체를 조작하는 과정에서 신체의 움직임과 감각 피드백을 사용해 더 복잡한 행동을 학습할 수 있다. 이는 더 실용적이고 유연한 인공지능 시스템을 개발하는 목표에 한 걸음 더 다가갈 수 있게 해 준다. 결국 데카르트의 기계론적 입장에 가깝던 초기 인지 과학의 입장은 구체화되면서 점차로 생명체의 구조와 행동에 접근하는 것을 볼 수 있다. 생명체는 생존의 욕망에 의해 행동하고 추론하고 감정을 느낀다. 이는 고대와 근대를 관통하는 합리주의가 경험주의 또는 신체와 감성을 강조하는 탈근대적 입장에 의해 근본적으로 보완되어야 한다는 것을 보여 준다.

참고문헌

정혜선(2020). 인공지능과 인지과학: 기회와 도전. ≪한국심리학회지: 일반≫, 39(4), 543-569쪽.

허희옥 외(2017). 인공지능 시대의 인간 지능과 학습, ≪교육철학연구≫, 39(1), 101-132쪽.

Aristote(1986). *La métaphysique, t. I, II, Introduction, notes et index.* par J. Tricot, Vrin.

Bergson, H.(1889). Essai sur les données immédiates de la conscience, P.U.F. 최 화 옮김(2001). 『의식에 직접 주어진 것들에 관한 시론』. 아카넷.

Descartes, R.(1637). *Discours de la méthode.* 이현복 옮김(1997). 『방법서설: 정신지도를 위한 규칙들』. 문예출판사.

Descartes, R.(1974-1986). *Oeuvres de Descartes.* Adam et Tannery (éd.), Paris.

Goffi, J.-Y.(1988). *La philosophie de la technique.* 황수영 옮김(2003). 『기술철학』. 한길사.

Koyré, A.(1957). *Du monde clos à l'univers infini.* Paris: Gallimard.

Koyré, A.(1966). *Etudes galiléennes.* Paris: Hermann.

Platon(2016). *République.* Flammarion.

Platon(2020). *Phèdre.* Flammarion.

02
기술적 대상들의 분류와 인공지능

19세기 이후 비약적으로 발달한 기술적 대상들은 막대한 다양성과 영향력을 가지고 인간의 삶을 지배하게 된다. 이 다양한 기술적 대상들을 존재자들의 계열 안에 분류한 시몽동의 관점에 따르면 인공지능은 요소, 개체, 집합체의 양식으로 존재한다. 다양한 알고리즘들은 요소에 해당하고, 개체는 컴퓨터든 로봇이든 프로그래밍 언어로 구현되어 실행되는 기계이고, 집합체는 하드웨어, 소프트웨어, 데이터, 인공지능 플랫폼과 인프라, 인간과의 상호 작용, 정보 교환 네트워크 등으로 이루어진 인공지능 생태계다.

AI와 MBTI?

기술적 대상들에 존재를 허하라?: 기술적 대상들의 존재 양식과 분류

감각 세계를 지성계의 모방으로 보았던 플라톤, 그리고 자연물과 인공물을 엄격히 구분한 아리스토텔레스에게 기술적 대상들은 불완전한 존재를 가질 뿐이다. 기술의 산물은 그 자체로 존재하는 것이 아니라 이데아나 형상을 모방해 만들어진 것이다. 이데아나 형상은 영원불변한 형태로 고정되어 있다. 초월적이든 내재적이든 불변의 진리가 이미 주어져 있다면 하늘 아래 새로운 것은 없다. 새로운 존재자의 탄생으로 보이는 것은 다만 기존의 원리에 따라 모방, 재생, 반복, 구체화된 것일 뿐이고 기술적 대상은 거기에 인간의 의도를 포함한다는 점에서 존재의 본질에서 더 멀어진다. 한편, 자연을 기계로 보고 자연물과 인공물의 구분을 폐기한 데카르트에게 기술적 대상은 기계적 원리에 지배되는 물질적(자연적) 실체와 다르지 않다는 점에서 일정한 존재론적 차원에 포섭된다. 다만 그의 심신 이원론으로부터 기술적 대상에는 인간의 의도와 목적에 따라 설계되고 사용되는 도구라는 특징이 덧붙는다. 즉, 기술적 대상은 그 발생에서는 인간의 정신에 종속되어 있고 작동 원리에서는 물질적 원리에 지배되고 있다. 이런 점에서 데카르트에게도 기술적 대상은 자체의 고유성이나 자율성을 갖지 않으며 결국 그것의 고유한 존재론적 지위는 인정되지 않는다.

산업 혁명 이후 인류는 기술적 대상들의 발명과 생산이 다양성과 양에 있어서 폭발적으로 나타나는 것을 목격하게 된다. 그것들의 종류는 날이 갈수록 복잡성을 더하고 있어 단지 도구나 연장, 혹은 기계라는 이름으로 부르고 사용에만 몰두하는 것은 기술적 존재자들을 이해하는 데 장애가 될 수 있다. 시몽동(Simondon, 2005/2017)은 영원불변의 존재를 가정하는 정적인 입장을 비판하고 생성과 존재를 융합하는 사유를 제창하며 역동적 관점에서 기술적 대상들에 접근한다. 그에 의하면 존재는 단번에 완성된 것으로 주어지지 않고 생성에 의해 구성된다. 따라서 새로운 존재자들의 발생을 기존의 존재나 원리로 환원하지 않고도 그 자체로 사유할 여지가 생긴다. 기술적 대상들의 경우 불완전한 존재로 간주하거나 물질적 실체에 흡수시키거나 인간의 의도에 종속된 존재자들로 여기는 것을 넘어서서 그 자체의 객관성, 새로움, 독자성, 내적 필연성을 인정해야 한다. 그 경우에만 폭발적으로 증가하는 새로운 기술적 대상들의 존재와 의미를 온전히 이해할 수 있다.

기술적 대상들은 단일하지 않다. 시몽동(1958/2011)

에 의하면 기술적 대상들은 세 종류로 분류할 수 있다. 기술적 요소(élément), 기술적 개체(individu), 기술적 집합체(ensemble)가 그것이다. 이는 기술적 대상들을 단순히 현재적 외양이나 사용 방식으로 판단하지 않고 발생 혹은 생성의 과정을 추적할 때 나타나는 분류법이다. 기술적 요소들은 기본적으로 기술성(technicité)을 구현하는 것들이며 산업 혁명 이전 대부분의 연장과 도구들을 포함한다. 쟁기, 도르래, 바퀴 등은 인간에 의해 농업, 건축, 운송 등에 사용됨으로써 기술적 효과를 나타낸다. 산업 혁명 이후에는 각종 모터(엔진)들, 보일러, 전극관 등 좀 더 복잡하고 과학적인 기술성을 구현한 대상들이 등장하는데, 이것들은 기계를 구성하는 핵심 부품들로 기능한다. 산업 혁명 이전의 기술적 요소들이 인간의 노력을 필수로 요구했다면 산업 혁명 이후의 기술적 요소들은 기계의 부품으로 기능하면서 인간의 노력을 면제시켜 준다. 기술적 요소는 원자와 같은 최종 요소가 아니며, 요소들 자체가 더 작은 부품들로 이루어져 있다. 그럼에도 그것이 요소인 이유는 특정 기능을 할 수 있는 최소 단위의 역할을 하기 때문이다. 다만 이 기능은 인간의 노동이나 기계의 작용을 필수로 전제하기에 요소는 기술적 대상의 독자적 개체성을 갖지 않는다.

기계는 인간의 기술적 상상력을 매개로 발명되는데, 거기서 기술적 요소들은 어느 수준에서 함께 작용해 개별성을 갖는 독립된 기술적 개체로 탈바꿈한다. 비유하자면 요소는 생명체의 기관(organ)들에 해당하는데, 기관들은 자기 조절 기능을 갖지 않고 개체의 내부에서 전체(개체)와 상호 작용하며 그때 비로소 전체를 위해 기능할 수 있다. 산업 혁명 이전의 요소들은 그것을 사용하는 인간의 신체의 연장선상에서 기능하며 인간과 거의 심리 생리학적 관계를 맺고 있다고 할 수 있다. 사후적으로 말하자면 거기서는 인간이 기술적 개체의 역할을 담당하고 있다. 반면, 요소들이 기계 안에서 그 일부를 이루고 있는 경우 기계는 인간이 매순간 작동에 개입하는 것이 아니라 일정한 신호를 주면 스스로 작동한다. 이러한 기술적 개체는 생명체와 유사하게 '연합된 환경'을 필요로 한다. 예를 들면 항공기는 활주로를, 열기관은 냉각 체계를, 전기 모터를 사용하는 자동 기계들은 전력 공급 회로를 필수 조건으로 갖는다.

기술적 개체들이 집합적으로 존재하고 작용할 때 기술적 집합체가 있다. 기술적 집합체는 여러 기술적 개체들이 통합되어 하나의 기능적 시스템을 이루는 것을 말한다. 이는 개별적인 기술적 개체들이 상호 작용하며 보다 복잡하고 효율적인 작업을 수행할 수 있게 해 주는 구조를 형성한다. 예를 들면 증기 기관, 보일러, 피스톤, 바퀴 등의 요소들이 증기 기관차로 불리는 기술적 개체를 이루는데, 증기 기관차들은 철도 체계의 일부분으로서 작동하며 철도 노선, 역, 신호 체계 등과 통합되어 전체적인 운송 체계를 이룰 때 집합체로 기능한다.

이와 같이 기술적 대상들의 분류는 자의적 사용이나 선험적 범주에 의해 이루어지는 것이 아니라 그것들의 발생과 진화 과정을 따라 윤곽을 드러낸다. 게다가 시몽동(1958/2011)에 의하면 이 과정은 순환적으로 나아간다. 기술적 요소들의 발달이 기술적 개체들의 발명을 추동하고 다량의 기술적 개체들은 상호 작용하면서 기술적 집합체를 형성한다. 복잡화된 기술적 집합체 내에서 새로운 기술성이 등장하고 이는 다시 새로운 순환을 야기한다. 예를 들면 증기 기관에 기반을 둔 산업적 집합체에서 전기 기술이 등장하고 이어 전기 모터에 기반한 개체들과 집합체가 등장한 것이 그러하다. 이러한 진화의 추동력은 요소가 구현하는 기술성의 발달이다. 생명체에서 기관은 신체의 일부이며 종적 실재로부터 분리될 수 없지만 기술적 요소는 그것이 속한 개체와 집합체에서 분리되어 새로운 개체, 새로운 집합체를 형성할 수 있다는 점에서 생명체의 진화보다 자유로운 발명의 씨앗이 된다. 물론 기술적 발명은 인간의 상상력을 필요로 하는 점에서는 분명히 인간에 의존적이다. 그러나 시몽동에 의하면 정신의 발생이 생명적 속성에 의존하면서도 고유한 존재 양식을 드러내듯이 기술적 대상들도 인간의 정신에 의존하면서 동시에 자체적 객관성과 고유한 존재 양식을 드러낸다.

인공지능에서 요소, 개체, 집합체의 분류

20세기 중반이 되기 전에 전기 기술에 기반을 둔 산업적 집합체에서 컴퓨터 기술의 기반이 되는 기술들이 대량으로 개발된다. 이는 에너지의 원천이나 전달 방식의 변화가 아니라 인간 지능을 모방하는 새로운 차원의 기술이라는 측면에서 중요하다. 1936년 고안된 튜링 기계는 추상적인 계산 과정의 기계적 절차를 모형화한 것으로서 현대 컴퓨터 과학의 근간이 된다. 1937년 클로드 섀넌(Claude E. Shanon)은 전자 회로를 수학적 · 논리적으로 설계해 디지털 회로 설계의 기초를 마련했다. 1945년에 발명된 에니악(ENIAC)은 전자 진공관을 사용해 계산을 수행하는 초기 전자식 컴퓨터로, 전기 신호를 사용해 연산을 수행한 점에서 현대 디지털 컴퓨터의 기초라

할 수 있다. 그러나 여기에는 프로그램 저장 개념이 없어서 하드웨어 차원에서 프로그램을 설정해야 하는 문제점이 있었다. 같은 해에 고안된 존 폰 노이만(John von Neumann) 기계는 프로그램을 메모리에 저장하고 중앙처리 장치(CPU)가 이를 실행하는 현대 컴퓨터의 기본 설계를 제공했다. 한편, 1947년 트랜지스터가 발명되면서 전자 장치의 크기를 줄이고, 신뢰성을 높이며, 전력 소모를 크게 줄일 수 있게 된다.

이런 기술적 요소들의 발전들은 오늘날의 용어로 말하자면 주로 하드웨어의 측면에서 나타난 것들이다. 인공지능의 탄생과 관련해서 더 주목해야 할 것은 소프트웨어 개념이다. 소프트웨어는 하드웨어와 대조적으로 물리적 실체가 아닌 논리적 실체로 정의되며, 컴퓨터가 수행할 작업의 집합을 의미한다. 소프트웨어 기술에서 기본적인 것이 알고리즘의 개발이다. 알고리즘은 논리적인 절차를 설명하는 규칙이나 단계의 집합, 어떤 문제를 해결하기 위한 단계적 절차이다. 19세기 후반부터 시작된 수학적 모형화, 20세기 중반의 논리 프로그래밍 언어는 인공지능의 논리적 추론 능력을 개발하는 데 핵심적 기능을 했고, 이 외에도 1950~1960년대에 개발된 초기 신경망 모형인 퍼셉트론은 오늘날의 딥러닝의 선구적 역할을 했다(정혜선, 2020). 이러한 다양한 알고리즘들은 인공지능에서 핵심적인 기술적 요소의 역할을 하는 것으로 볼 수 있다. 게다가 알고리즘은 물질성의 제약을 벗어나 다양한 형태로 구현될 수 있기 때문에 다른 기술적 요소들보다 더욱 자유로운 존재 양식을 가진다.

그런데 알고리즘을 실제 컴퓨터에서 실행할 수 있기 위해서는 특정 프로그래밍 언어로 구현되어야 한다. 프로그램은 실행 가능한 코드를 통해 사용자가 컴퓨터에서 수행할 작업을 명령한다. 알고리즘으로 구성되는 프로그램은 컴퓨터에 구현되어 기술적 개체를 구성한다고 할 수 있다. 1956년에 개발된 최초의 인공지능 프로그램은 뉴얼과 사이먼이 개발한 '논리 연산 이론가(Logic theorist)'라는 컴퓨터 프로그램이다. 이는 논리적 증명을 자동으로 수행하는 프로그램으로, 컴퓨터의 연산 능력을 활용해 인공지능의 가능성을 실현했다. 그런데 사실 프로그램은 컴퓨터만이 아니라 다른 물리적 구조에서도 구현될 수 있기 때문에 하드웨어와 독립적인 프로그램이 기술적 개체의 지위를 가질 수 있는가 하는 문제가 대두된다(Dupuy, 1999/2023). 한편, 인공지능에서도 기술적 집합체를 말할 수 있다. 하드웨어, 소프트웨어, 데이터, 인공지능 플랫폼과 인프라, 인간과의 상호 작용,

정보 교환 네트워크 등은 기술적 집합체를 구성하는 요소로 작용하며, 이들이 서로 의존하고 통합적으로 작동하는 방식으로 인공지능 시스템이 형성된다고 할 수 있다.

참고문헌

정혜선(2020). 인공지능과 인지과학: 기회와 도전. ≪한국심리학회지: 일반≫, 39(4), 543-569쪽.

Dupuy, J.-P.(1999). *Aux origines des sciences cognitives.* 배문정 옮김(2023). 『마음은 어떻게 기계가 되었나: 인지과학의 기원 또는 사이버네틱스』. 지식공작소.

Simondon, G.(1958). *Du mode d'existence des objets techniques.* 김재희 옮김(2011). 『기술적 대상들의 존재 양식에 대하여』. 그린비.

03
생명, 기계, 인공지능

생명과 기계는 어떤 유사성을 가지는가. 생명이 기계의 모범인가, 아니면 기계가 생명을 포괄하는 더 큰 범주를 지시하는가? 둘 간의 섣부른 동일시나 완고한 구분은 어디에도 도움 되지 않는다. 기계론, 생기론, 사이버네틱스의 관점은 각각의 역사적 단계 속에서 그 소명을 완수했다. 생명과 기계에 대한 우리의 인식이 발전과 진화를 거듭하면서 우리는 인공지능 기계라는 새로운 존재를 맞이하게 되었다.

AI와 난임 극복?

목적론적 관점과 기계론적 관점

고대 그리스 철학은 존재로부터 시작하는 존재의 철학이다. 운동은 존재의 우연적 속성에 지나지 않는다. 존재하는 것들 사이에, 즉 이데아와 현상계, 자연물과 인공물 등 사이에는 위계가 설정되어 있다. 존재자들의 위계에서 하위에 위치하는 것들은 상위의 것들에 종속되어 그것들을 모방하거나 그것들로부터 유래하는 관계 속에 있다. 상위의 존재자들은 그 자체가 목적이거나 운동의 원인이고 하위의 존재자들은 상위 존재자들의 목적에 봉사하거나 그것들에 의해 운동하게 된다. 예를 들면 인공물은 인간에 의해 만들어지고 움직여지며 인간의 목적에 봉사한다. 세계를 움직이는 원리는 상위의 존재자들이 가진 목적의 실현이다. 아리스토텔레스에게서 목적적 존재자의 원형은 생명체와 인간이다. 예를 들어 참나무는 도토리 씨앗에서 시작해 성장하는데 이 성장은 참나무가 본래 목표로 하는 완전한 상태를 향한 운동과 변화로 설명된다. 마찬가지로 인간의 삶의 궁극적인 목적은 행복(eudaimonia, 완전한 삶의 상태)에 도달하는 것이고, 도덕적 덕의 실현을 통해 이 목적을 달성할 수 있다(Aristote, 1959).

근대 과학의 발달과 더불어 존재와 운동의 위계가 변

화한다. 이 세계는 본래 운동하는 세계이며 존재자들은 운동의 주체일 뿐 그 외의 다른 속성들은 부차적인 것이다. 운동의 법칙이 목적적 존재자를 대체했다. 갈릴레이, 데카르트, 아이작 뉴턴(Isaac Newton)으로 이어지는 세계에서 운동하는 존재의 정의에 가장 합당한 것은 바로 기계다. 당시에 기계의 모범으로 간주된 것은 태엽시계와 자동인형이었다. 이들은 스프링과 기어 시스템을 활용해 일정한 방향으로 움직이도록 설계된 역학적 기계들이다. 그것들의 특징은 외부 자극에 자동적으로 반응하며 의식이나 생각 없이도 복잡한 움직임을 수행한다는 것이다. 데카르트는 동물도 이러한 특징을 공유하기에 기계로 보아도 마땅하다고 선언했다. 인간 또한 소화, 순환, 호흡 등의 생리적 기능은 모두 동물과 마찬가지로 기계적 원리로 설명할 수 있다고 보았다. 이처럼 기계론적 관점이 목적론적 관점을 전도시킴에 따라 생명과 기계의 관계도 역전된다. 이제 기계는 생명에 봉사하는 존재가 아니며 반대로 생명이 기계의 범주에 종속된다.

데카르트의 기계론적 사고는 단순한 파장을 몰고 온 하나의 사건이 아니라 이후 서양의 철학과 과학 전체의 방향을 결정하는 전환점이 된다. 플라톤과 기독교의 영향 아래 있던 데카르트는 생명과 기계의 동일성을 주장한 후에도 정신(esprit)의 영역만큼은 보존하고자 했다. 그래서 인간 정신(또는 영혼, l'âme)은 불멸의 사유 실체로 정의된다. 그러나 이후의 역사는 데카르트의 기계론을 가속화하는 방향으로 나아갔다. 18세기에 이르러 줄리앙 라메트리(Julien O. de La Mettrie)를 비롯한 프랑스 계몽주의자들은 동물 기계론에 더해 인간 기계론을 주장했다. 이들은 인간의 정신이 뇌와 신경계의 물질적 작용이라고 과감하게 주장할 수 있었다. 생명체에 이어 인간도 기계화하는 현대적 사고의 서막이라고 볼 수 있다. 그러나 감각과 같은 생명체의 고유한 특징을 설명하는 것은 여전히 쉽지 않다. 또한 이 시대에는 화학과 생리학의 발달로 인해 기계의 모범 사례가 변화하고 있었다. 화학은 물체의 운동보다는 성질들에 관한 연구이며 물체의 성질들은 원소들의 다양한 조합으로 설명되었는데, 이는 역학적 기계의 한계를 넘어서게 해 주었다. 드니 디드로(Denis Diderot)를 비롯한 프랑스 계몽주의자들은 물체의 화학적 친화성(affinity)과 생명체의 감수성(sensibility) 사이에 정도 차만 존재한다고 보고 생명체를 감각과 자발적 운동을 할 수 있는 기계로 간주했다(황수영, 2014).

생기론의 입장: 기계는 생명의 연장이다

감각과 자발적 운동을 할 수 있는 기계는 표상하기 쉽지 않다. 아리스토텔레스는 이를 동물적 영혼의 범주로 분류한 바 있다. 19세기에는 독일과 프랑스를 중심으로 생명의 독자성을 주장하는 생기론적 입장이 득세했다. 이들은 주로 의사나 생리학자들로서 생명체의 본질에 대한 연구보다는 질병의 치유를 목적으로 생리학 연구를 진행했다. 이들은 생명체가 보여 주는 내적 목적성이나 유기적 질서, 자연적 치유 능력 등 능동적인 면에 주목했다. 물질과 달리 생명체에 내재하는 고유한 '생명 원리'가 있고 이것이 생명체의 기본적 특징인 감수성(자극)과 수축성(반응)이라는 두 기능으로 발현된다. 감수성은 생명체가 외부 환경과 끊임없이 상호 작용한다는 것을, 수축성은 생명체가 이 상호 작용에서 자신의 능동적인 변화를 통해 적극적으로 대응한다는 것을 보여 준다. 이 개념들은 생명체를 단순히 기계적인 존재가 아니라 자율적이고 능동적인 존재로 이해하는 데 기여했으며, 생기론자들은 그로부터 풍부한 생리학적 연구 결과를 산출해 냈다.

19세기 중엽 실험 생리학의 창시자로 불리는 클로드 베르나르(Claude Bernard)는 생기론자는 아니지만 그들의 성과를 이어받아 오늘날 생리적 '항상성'(homeostasis)을 의미하는 '내부 환경'의 개념을 창안했다. 이는 신체의 상태가 변화하는 환경 속에서 가변적이고 불규칙적인 특징을 보여 주지만, 체온 · 기초 대사 · 호흡 · 혈압 등 중요한 생리적 기능에서는 변화를 조절하는 기능, 즉 항상성을 유지한다는 생각이다. 즉, 생명체는 외부 환경의 변화에 단순히 수동적으로 반응하는 존재가 아니라, 내부 환경을 일정하게 유지하려고 능동적으로 조절하는 복잡한 시스템으로 작동한다는 의미다. 비록 베르나르는 유물론적 바탕 위에서 생명을 물리 화학적 방식으로 설명하려 시도했으나 그가 제안한 생명체의 존재 양상은 당시의 기계론적 관점을 넘어서는 것이었다.

20세기의 생기론자로 불리는 조르주 깡길렘(Georges Canguilhem)은 생명체를 이해하는 데서 목적성 대신에 규범성(normativité)이라는 용어를 도입하는데, 이는 규범들을 세우는 자율적 능력이라는 의미를 갖는다(1966). 생명체는 쾌락과 고통이라는 느낌에 기반을 두고 쾌락을 증진하거나 고통을 줄이는 방식으로 자극에 반응한다. 그리하여 자신의 유지를 위한 적절한 조건에는 긍정적 가치를 부여하고 반대로 자신을 위협하는 요인들에는 부정적 가치를 부여한다. 유기체의 자기 조절 능력은 바로 긍정적 가치를 추구하고 부정적 가치를 피하는 데서 유래한다. 이로부터 일정한 생리적 규범들이 유래하는데 이것이 베르나르가 말한 내부 환경을 구성하는 생리적 기능들이다. 이 규범들은 기계적 반응의 산물이 아니라 생명체가 환경에 대면할 때 나타나는 문제들에 대해 기존의 규범을 변형하며 새로운 해답과 가치들을 추구하고 또 창조하는 데서 유래한다. 깡길렘은 생명의 본질을 창조라고 보는 점에서 『창조적 진화』의 저자인 베르그손(Bergson, 1907/2005)을 이어받는다. 이들은 공통적으로 기계에 대한 생명의 우선성을 주장한다. 즉, 생명이 기계의 일종인 것이 아니라 기계가 생명을 원본으로 제작되었다는 것이다. 특히 베르그손에 의하면 호모 파베르인 인간의 지능은 기본적으로 도구 제작의 능력이며 기술의 발달은 이의 필연적이자 자연적인 결과다.

사이버네틱스 기계와 인공지능 기계

1940년대에 시작된 사이버네틱스학(cybernetics)은 기존의 역학적 기계와는 매우 다른 독특한 기계의 개념을 발명하고 이를 확장해 인간, 생명체, 그리고 사회의 작동에 이르기까지 보편적인 연구 방법을 제시하고자 했다. 데카르트의 기계가 외부 환경과 단절된 자기 폐쇄적인 시스템이라면, 사이버네틱스 기계는 일종의 '목적론적 기계'로서 환경 변화에 반응하며 주어진 목적을 달성하기 위해 스스로를 수정할 수 있는 시스템이다. 노버트 위너(Norbert Winner)는 움직이는 미사일 궤적을 예측하는 문제에서 출발해 이와 같은 구상을 구체화했다. 흥미로운 점은 이 생각이 베르나르의 '내적 환경' 개념을 확장해 '항상성'이라는 용어를 처음으로 사용한 인물인 월터 캐넌(Walter B. Cannon)의 생리학에서 영감을 받았다는 것이다. 따라서 기계와 생명, 인간 사이에 유사성 혹은 동일성을 말할 수 있다. 그것들은 모두 피드백 메커니즘에 의존해 자신의 상태를 조정할 수 있는 목적론적 시스템들이다(황수영, 2021).

개념적으로는 생명적 과정을 설명하는 방식에서 영감을 받았다고 해도 사이버네티션들은 철저한 유물론자들로서 생명체뿐만 아니라 인간의 마음도 기계의 범주 안에서 설명하는 마음의 과학을 구상했다. 사이버네틱스학의 또 다른 창시자들인 워렌 맥컬록(Warren McCulloch)과 월터 피츠(Walter Pitts)는 신경망 연구로부터 뇌의 구조와 기능을 논리 기계로 모형화했다. 그들은 뇌를 입력과 출력에 의해 작동하는 일종의 정보 처리 시스템으로 보았다. 이는 논리적 계산 절차를 모형화한 튜링 기계를 신경 구조에 구현하려는 야망으로서, 신경 과학과 인공지능 연구를 결합하는 중요한 다리를 놓는다. 다만 초기 신경망 연구 결과로 등장한 '퍼셉트론'은 인식의 복잡한 과정을 설명하는 데 한계가 있어서 마빈 민스키(Marvin Minsky)와 시모어 페퍼트(Seymour Papert)의 비판을 받게 되었고, 이후 쇠퇴의 길을 걸었으며 1980년대에 다층 퍼셉트론이라는 새로운 형태로 부활하게 된다.

인공지능 기계는 컴퓨터를 모형으로 한다. 맥컬록이 신경망을 논리적으로 모형화한 것처럼, 폰 노이만은 컴퓨터 시스템의 정보 처리 방식에 관한 연구를 통해 계산 이론을 발전시켰다. 컴퓨터는 논리 연산 기계가 물리적 속성의 제약을 받는 회로의 설계와 분리 가능하다는 것을 보여 준다. 폰 노이만은 무엇보다 메모리와 프로세서가 프로그램과 데이터를 저장하고 실행하는 방식을 규정해 컴퓨터의 기본 구조를 제시했고, 민스키와 페퍼트는 이러한 기반 위에서 인공지능 연구를 수행할 수 있었다. 따라서 인공지능 기계는 폰 노이만 컴퓨터를 기반으로 하는 '형식 기계'로, 마음을 기계화한 것이다(Dupuy, 1999/2023). 마음의 과학을 기획할 때 주어진 전제는 다음과 같다. 정신의 본성은 사고하는 것이며 사고는 계산이고 계산을 수행하는 것은 기계다. 이와 같이 정신의 속성이 기계와 결합된 것이 인공지능 기계다. 이는 데카르트의 사유 실체 즉 추론하는 정신을 물질화한 것으로, 인간 기계론을 주장한 라메트리의 이념에 더 가깝다. 적어도 초기 인공지능 연구자들의 태도는 그러한 것이었다. 그러나 후기로 갈수록 인공지능 기계는 단지 형식 기계에 그치는 것이 아니라 몸의 움직임과 외부 환경과의 상호 작용, 특히 마음과 몸의 상호 작용을 강조하는 사이버네틱스 모형에 가까워지며 그 형태도 다양해진다.

참고문헌

황수영(2014). 『생성으로 생명을 사유하기』. 갈무리.

황수영(2021). 시몽동의 기술 철학에서 규범성의 문제: 생명적 규범성과 사회적 규범성 사이에서. ≪근대철학≫, 18, 51-90쪽.

Aristote(1959). *Ethique à Nicomaque*. trad. par Tricot, Paris: Vrin

Bergson, H.(1907). *L'évolution créatrice*. 황수영 옮김(2005). 『창조적 진화』. 아카넷.

Canguilhem, G.(1966), *Le normal et le pathologique*. P.U.F.

Dupuy, J.-P.(1999). *Aux origines des sciences cognitives*. 배문정 옮김(2023). 『마음은 어떻게 기계가 되었나: 인지과학의 기원 또는 사이버네틱스』. 지식공작소.

04
기술적 대상의 진화, 추상 기계의 구체화

기술적 대상들은 고정된 존재들이 아니라 시간과 환경에 따라 변화한다. 이 변화에는 추상화에서 구체화로 가는 일정한 규칙이 있고 생명의 진화에 비교할 수 있는 진화적 특징이 있다. 기술적 요소들이 단일 기능에 국한된 추상적 도식에서 다기능으로 구체화되면서, 기능의 효율성과 구조의 단순성이 나타난다. 인공지능도 마찬가지로 규칙 기반 알고리즘에서 데이터 기반 및 신경망 연구로 발전하면서 인간과 유연하게 상호 작용할 수 있는 모형으로 구체화된다.

AI와 사주?

추상 기계의 구체화

기술적 대상은 어떤 발전과 진화를 거쳐 점차로 구체화되는가? 산업 혁명 이전의 기술적 대상들을 생각해 보면 그 구조나 기능이 단순한 것에서 복잡한 것으로 진화하지만 산업 혁명 이후에는 사정이 다르다. 예를 들면 과거의 도르래, 풍차, 수차와 같은 기계들은 단순하고 직관적이며 물리적으로 명확한 원리를 바탕으로 작동한다. 이러한 역학적 기술은 점차 복잡화되기는 했으나 일정한 한계가 있었다. 그러나 산업 혁명 이후에 나타난 기술적 대상들의 전개는 이와는 매우 다른 양상을 띤다. 발달한 과학 기술을 배경으로 기술적 대상들은 초기부터 상당히 추상적이고 복잡한 수준의 기술로 구현된다. 전기, 화학, 전자기학, 열역학 등과 같은 다양한 과학적 원리가 복합적으로 적용된 매우 복잡한 기계가 등장했고 이는 시간이 지남에 따라 직관적이고 사용자 친화적인 형태로 발전하게 된다. 즉, 기술적 존재자는 추상적 형태로부터 구체적 형태로 나아간다. 추상적이고 인공적인 형태의 기술적 대상이 진화를 거치며 점차로 구체적이고 자연적인 형태가 되는 것이다. 시몽동(Simondon, 1958/2011)은 이를 '구체화(concrétisation)'라고 명명하고 기술적 대상의 전개를 설명하는 주요 개념으로 제시한다.

추상적인 기술적 대상의 특징은 논리적으로는 추상적이면서 기술적으로는 복잡하다는 것이다. 그 이유는 기술적 대상에서는 데카르트의 추상 공간에서 그러하듯이 각 부분이 다른 부분들에 외재적이고 서로 완벽하게 분리되어 있다는 데 있다. 따라서 부분들 간의 상호 작용이 필수적인 기계의 전체적 과정은 복잡해질 수밖에 없다. 예를 들면 20세기 초에 등장한 자동차 엔진이 구동되는 과정을 보자. 여기서 관련 부품들은 각각에 고유한 단일 기능을 하고 있으며 부품들 상호 간에 기능이나 에너지의 교환은 그것들의 본래 기능과 관련이 없다. 냉각 시스템, 연료 공급 시스템, 점화 시스템 등이 각각 독립적으로 작동해 열손실이 많고 효율이 낮으며, 각 시스템 간의 상호 작용이 미비해 유연성이 부족하다. 그러나 20세기 중후반에 자동차 엔진의 진화는 부분들이 상호 작용하는 열린 시스템으로 되면서 난점들을 보완한다. 엔진을 이루는 부품들은 여러 기능을 동시에 수행할 수 있도록 구체화되어 부품들 간의 상호 작용이 더욱 수월해진다. 예를 들어, 냉각 시스템은 단순히 엔진을 냉각하는 기능을 넘어 엔진 효율을 최대화하는 역할을 담당하고 연료 공급 시스템은 연료 혼합비를 최적화해 배기가스를 줄이고 연료 소비를 줄이는 등의 여러 목적을 동시에 수행하게 되었다.

기술적 대상의 구체화가 추상적 형태에서 구체적 형태로 나아가는 이유는 활용의 맥락 속에서 기능의 효율성과 구조의 단순성을 획득하기 때문이다. 효율성이 높아지는 것은 단일 기능을 하는 데 국한되던 기술적 요소들이 다기능으로 진화하기 때문이고, 단순성을 얻는 것은 각각이 단일 기능에 국한된 다수의 요소들보다는 다기능을 하는 소수의 요소들로 구조가 축소·재조직화되기 때문이다(황수영, 2021). 이러한 변화는 다윈의 미소 변이처럼 우연적이고 점진적으로 일어나지 않는다. 세부 사항을 개선하는 연속적 변화는 구조의 변화를 가져오지는 못한다. 시몽동은 단일 기능에서 다기능으로 가는 구조 변화는 돌연변이처럼 일어난다고 한다. 그는 이를 설명하기 위해 개체가 발생하는 과정을 보여 주는 그의 독창적인 이론을 참조한다.

시몽동의 개체화 이론을 따르면 기술적 진화는 비포화, 포화, 과포화의 과정을 겪는다. 최초의 기술적 대상은 이상적 도식에 따라 제작된 추상적인 대상이다. 이는 정확한 용도를 갖는다기보다는 그 형식적 특성으로 인해 어디에나 적용될 수 있는 빈 용기와 같다. 즉, 비포화된 체계다. 그러나 그것이 사용되는 구체적 맥락 속에서 새로운 문제가 나타날 수밖에 없고 이를 해결하는 과정 속에서 새로운 개선의 시도들이 나타난다. 결국 체계는 다양한 가능성들로 포화되고 나아가 과포화된다. 이러한 가능성들은 또 다른 장애물들을 낳기에 과포화는 장애물들을 양립 가능하게끔 해결하는 방향으로 나아가면서 새로운 구조에 이른다. 예를 들면 라디오 램프에서 사용되는 전극관이 2극관에서 3극관, 4극관, 5극관으로 변천하는 과정은 각 단계에서 나타나는 문제들을 해결하면서 또 다른 장애가 나타나고 이를 포함한 문제들을 전반적으로 해결하면서 요소들이 다기능 속에서 상호 작용하는 구조에 이른 사례다. 양립 불가능성을 해결하는 과정은 동시에 기술적 대상의 자기 조정 과정이라고 할 수 있다. 시몽동(1958/2011)은 이를 기술적 대상이 고유한 내적 필연성을 따른다고 표현한다.

인공지능 기계의 구체화

인공지능의 발달 과정 역시 추상적 형태에서 구체적 형태로 나아가는 점에서 대체로 기술적 대상의 진화에 대한 시몽동의 이론을 적용할 수 있다. 거기서도 별도로 구성된 기능적 요소들이 구체화되면서 서로 긴밀히 통합되어 상호 작용하는 가운데 더욱 효율적이고 조화로운 전체로 작동하는 시스템이 되는 것을 볼 수 있다. 다만 기술적 대상들이 요소들의 물질적 특성에 상당 부분 의존하는 반면에 인공지능은 주로 알고리즘의 기능적 특성에 의존한다는 차이점이 있다. 특별히 자연어 처리(natural language processing, NLP) 연구와 챗봇의 역사는 인공지능의 구체화 과정에 흥미로운 단서를 줄 수 있다. 언어는 인간 지능의 가장 중요한 구성 요소 중 하나이며 자연어는 인간이 기계의 명령어를 배우지 않아도 기계와 소통할 수 있게 해 주므로 자연어 처리는 인공지능의 대중화를 위해 필수적인 분야다.

전통적으로 자연 언어에 대한 연구에는 페르디낭 드 소쉬르(Ferdinand de Saussure)의 언어학과 노엄 촘스키(Noam Chomsky)의 보편적 생성 문법, 존 오스틴(John L. Austin)과 존 설(John Searle)의 화용론이 있다. 소쉬르의 랑그(langue)는 언어 체계, 규칙, 구조를 의미하고, 파롤(parole)은 실제로 언어가 사용되는 과정 속의 개별적인 말하기 행위다. 촘스키의 보편적 생성 문법은 언어의 본질적이고 보편적인 구조를 구명하려는 시도로, 모든 언어에 내재된 규칙과 문법을 설명한다. 반면, 화용론은 언어의 맥락적 사용과 상호 작용을 중시한다. 이는 언어가 기본적으로 다의적이며 다기능을 한다는 것을 전제하고, 특정 상황에서 어떻게 기능하는지, 언어 행위는 어떻게 수행되는지를 설명한다. 화행 분석과 언어 행위론은 언어가 단순한 문법적 구조를 넘어서 사회적 행위로 작용하는 측면을 다룬다.

인공지능의 자연어 처리 연구는 언어의 구조적 측면과 사용의 측면을 모두 다룬다. 초기 NLP 연구는 규칙 기반 알고리즘에 의존했다. 즉, 촘스키의 형식 문법에서 출발해 구문(syntax)과 형태소(morphology, 시제 · 인칭 · 수 등)와 같은 구조적인 측면에 집중했으며, 자연어를 형식적으로 분석하는 것에 중점을 두었다. 이는 특정한 언어적 요소가 하나의 명확한 기능을 수행하는 것을 전제로 하고 주로 텍스트 분석이나 번역과 같은 이론적 기능에 국한해 발전했다. 한편, 언어의 형식적 규칙성을 바탕으로 대화형 시스템을 구축하려는 시도가 있었지만, 언어의 복잡성과 다양성을 처리하는 데에는 많은 한계가 있었다. 대표적인 예로 조지프 와이젠바움(Joseph Weizenbaum)이 1966년에 개발한 챗봇 엘리자(ELIZA)는 심리 상담을 흉내 내는 간단한 규칙 기반 대화형 시스템(프로그램)인데, 규칙에 따라 고정된 응답을 생성할 뿐 유의미한 상호 작용을 전제하는 언어 행위를 담아내지 못한다(이재원, 2022). 이 시기는 시몽동이 말하는 추상적인 기술적 대상에 비교할 수 있다.

1980년대와 1990년대에 이르러 컴퓨터 성능이 크게 향상되면서 대규모 데이터를 처리할 수 있게 된다. 대규모 언어 데이터베이스인 코퍼스(corpus)가 구축되기 시작하면서, 데이터를 기반으로 언어의 패턴을 자동으로 학습할 수 있는 환경이 마련되었다. 이러한 배경 속에서 등장한 대표적인 통계적 방법론 중 하나가 '히든 마르코프 모형(hidden markov model, HMM)'이다. 이는 시간적 또는 순차적 데이터를 가지고 일정한 확률적 규칙에 따라 상태가 변화하는 과정을 모형화(modeling)한다. 이 모형은 음성 인식 및 기계 번역과 같은 응용 분야에서 큰 성과를 거두었다. 챗봇도 이 시기에 통계적 모형을 기반으로 발전했다. 질문-응답 데이터 세트를 분석하고, 통계적으로 가장 적절한 응답을 선택하는 방식에 의해 챗봇은 대화의 흐름과 맥락을 어느 정도 반영할 수 있게 된다. 그러나 통계적 방법론의 한계는 이전과 이후의 상태를 독립적으로 가정해 현재 상태를 단순히 직전의 상태로부터 설명하는 것이다. 실제 자연어에서는 더 긴 문맥이 영향을 미치는 경우가 많다.

21세기 들어서는 딥러닝과 같은 신경망 모델이 NLP의 중심이 되고 있다. 특히 트랜스포머(transformer) 아키텍처를 기반으로 하는 거대 언어 모델(GPT, BERT 등)은 방대한 데이터를 학습해 문맥적 이해와 복잡한 상호 작용을 처리할 수 있게 해 준다. GPT 시리즈는 단순히 텍스트를 생성하는 기능뿐 아니라 번역, 요약, 질문과 답변, 코딩, 창의적 글쓰기 등 다양한 작업을 수행할 수 있는 다기능 모형이며, 특히 GPT4는 이미지 인식 등을 겸한 다양상(multimodal) 시스템을 구현한다. 이는 기술적 요소들이 단일한 기능에서 벗어나 다기능적으로 발전하는 시몽동의 구체화 개념과 유사하게, 언어 처리 기술이 더 넓은 범위에서 인간의 언어와 상호 작용하는 방향으로 발전해 가고 있음을 보여 준다. 오픈에이아이(OpenAI)사의 GPT와 같은 대규모 언어 모델은 챗봇의 성능을 크게 끌어올렸다. 챗봇은 이제 단순한 질문에 답하는 것에서 벗어나, 대화의 흐름을 이해하고, 복잡한 대화 내 맥락을 반영해 사용자에게 더욱 적절한 응답을 생성할 수 있다. 자연어 처리와 챗봇의 발달 과정을 시몽동의 관점에서 보자면 비포화 상태의 형식 모형이 사용의 맥락 속에서 여러 가지 해결을 모색하는 중에 나타난 많은 가능성들이 서로 충돌하면서 일정 수준에서 양립 가능한 해결책에 도달한 것이라고 말할 수 있다.

참고문헌

이재원(2022). 챗봇의 역사: 심리치료 방식에서 언어행위까지. ≪독일언어문학≫, 97, 1-26쪽.

황수영(2021). 시몽동의 기술 철학에서 규범성의 문제: 생명적 규범성과 사회적 규범성 사이에서. ≪근대철학≫, 18, 51-90쪽.

Simondon, G.(1958). *Du mode d'existence des objets techniques.* 김재희 옮김(2011). 『기술적 대상들의 존재 양식에 대하여』. 그린비.

05
인공지능의 발전에서 창조와 변환의 논리

서양 철학은 고정불변의 존재나 법칙을 전제하고 실제 세계의 변화는 영원한 존재의 시간 속 타락으로 보는 경향이 있으나, 현대 과학은 변화와 작용에 우선성을 둔다. 현대 철학에서는 전통적인 불변적 존재의 논리를 거부하고 새로움의 생성과 창조를 주장하는 논리가 탄생한다. 인공지능의 발전은 선형적 인과성에서 비선형적이고 창발적인 과정을 보여 주는 점에서 존재의 논리보다는 창조의 논리와 궤를 같이한다.

AI와 아이돌?

존재와 생성

서양 철학에서 존재(being)와 생성(becoming)의 대립은 그리스 시대 이래로 질서와 무질서의 대립, 불변하는 본질의 세계와 변화무쌍한 현실의 대립을 의미해 왔다. 이는 진정으로 존재하는 것과 거짓으로 존재하는 것의 대립으로 이어진다. 즉, 변화하는 세계, 생성의 세계는 참으로 존재하는 것이 아니라 그 배후에 존재하는 불변적 본질의 그림자 또는 환영에 불과하다. 파르메니데스(Parmenides)의 존재, 플라톤의 이데아(형상), 원자론의 원자들과 같은 표상들은 혼돈과 변화 속에서도 보편적이고 불변하는 원리를 찾으려는 시도를 보여 준다. 이러한 태도는 무질서한 혼돈의 세계 이면에 질서와 안정성에 기반을 둔, 이성적으로 이해 가능한 우주를 전제함으로써 서양 학문의 발달을 이끈다. 피타고라스(Pythagoras) 때부터 이미 수학적 질서를 원형으로 제시된 합리적 우주관은 근대 과학에 이르러 그 구체적인 형태를 갖춘다. 근대 과학은 자연 현상을 설명할 때 더는 형상과 같은 본질에 의지하지 않지만, 자연의 운동이 안정적 법칙들에 의해 규제되고 설명 가능하다고 보는 데서 여전히 불변적 질서에 의지하고 있다. 게다가 대부분의 근대 과학자들은 원자론의 가정을 받아들임으로써 불변의 최종적 실재에 대한 믿음을 유지하는 것을 볼 수 있다.

반대로 생성을 강조하는 철학자들은 세계가 언제나 생성, 소멸, 변화하는 흐름 속에 있다고 주장한다. 본질적인 것은 유동적이고 창조적인 과정이며, 불변성으로 보이는 것은 일시적 균형에 지나지 않는다(Prigogine & Stengers, 1979). 생성 철학의 아버지 헤라클레이토스(Herakleitos)에게 생성은 대립과 갈등을 통해 변화하는 현실을 의미하며 이는 로고스로 불리는 우주적 이성에 의해 균형을 이룬다. 마치 끊임없이 타올라 생성 소멸의 과정을 보여 주면서도 일정한 자기 동일성을 유지하는 불과 같이 로고스는 세계의 부단한 변화에 조화와 질서를 준다. 생성 철학은 서양 철학사에서 오랫동안 소외된 영역이었으며 19세기 들어 프리드리히 니체(Friedrich W. Nietzsche)와 베르그손은 이를 새로운 방식으로 되살려냈다. 니체는 영원 회귀 개념을 통해 세계가 끊임없이 변화하고 재생산되는 역동적인 과정이라고 봄으로써 선형적 시간관을 거부하고, 시간과 사건이 순환적으로 반복된다는 우주관을 제시한다. 그는 플라톤적인 불변의 이데아나 기독교적 영원성을 비판하며, 삶을 창조적 파괴와 생성의 흐름으로 이해했다.

창조와 변환

헤라클레이토스의 로고스, 니체의 영원 회귀와는 달리 베르그손의 생성 철학은 조화와 반복을 강조하기보다는 새로움의 창조를 강조하는데, 이는 무엇보다 근대 과학이 전제하는 결정론적 질서에 대한 비판에서 유래한다. 데카르트, 뉴턴의 과학에 기반을 두고 있는 근대 기계론에서 모든 자연 현상은 원인과 결과의 연쇄로 이루어져 있다. 이 인과적 관계는 자연 법칙을 통해 설명될 수 있으며, 그 과정은 시간적 선형성을 갖는다. 원인이 주어지면 그에 따른 결과가 필연적으로 발생하고 현재의 상태는 과거의 원인에 의해 결정되며, 미래 역시 현재의 상태에 따라 필연적으로 결정된다. 여기서 과거, 현재, 미래는 모두 동등한 자격을 가지고 데카르트 좌표계의 수평축으로 표현되는 시간 t의 현실적(actuel) 요소들이다 (Bergson, 1907/2005).

베르그손은 이러한 선형적 인과성 개념이 변화의 본질을 충분히 설명하지 못한다고 본다. 변화의 본질은 시간의 작용 속에 있고 시간은 수학자들이 조작하는 양이 아니라 창조적이고 예측할 수 없는 흐름이다. 베르그손은 그 사례들로서 의식이 체험하는 질적 시간 그리고 생명의 진화를 들고 이를 전 우주적 지속(la durée)으로 확대한다. 지속의 개념은 근대 과학이 포괄하기 어려운 과거의 존재, 기억의 존재를 강조한다. 과거는 일종의 우주적 기억으로서 잠재태(le virtuel)로 존재한다. 창조는 현재 속에 과거가 반영되어 그로 인해 질적 도약이 나타나는 과정이다. 자연은 현실태(l'actuel)로만 구성되지 않으며 잠재태의 작용으로 인한 끊임없는 창조의 연속이다.

시몽동은 생성의 연속성이라는 베르그손의 관점을 이어받으면서도 존재가 구성되는 측면에 주목하고 이를 '개체화 이론'에 의해 설명한다. 자연은 일정한 규칙성을 보여 주고 개체 존재자들은 일시적이나마 안정적인 자기 동일성을 유지한다. 물리계에서 결정이 구성되는 과정을 보자. 무정형 용액이라는 에너지 퍼텐셜에 씨앗이라는 우발적 요인을 첨가하면 씨앗을 중심으로 분자 층이 겹겹이 형성된다. 이는 정보가 릴레이식으로 전달되면서 결정의 구조가 형성되는 과정이고 나아가 생성이 스스로 존재를 구성하는 과정이기도 하다. 결정으로부터 생명체, 정신적 주체, 집단의 형성에 이르기까지 새로운 존재자들의 형성은 전개체적(préindividuel) 에너지 퍼텐셜의 자가 구성적인 과정으로, 어떤 목적적 형상에 의해 인도되지 않으며 선형적 인과성에 따라 기계적으로 진행하는 것도 아니다. 심지어 감각과 지각, 인식의 과정도 이러한 존재의 발생과 유사한 과정을 따른다. 이 모든 과정은 일종의 도약이라 할 수 있는데 시몽동은 이를 '변환(transduction)'이라고 부른다. 시몽동의 관점은 에너지 물리학, 양자 역학, 정보 이론, 사이버네틱스 이론 등 20세기 후반의 중요한 과학적 성과를 반영하고 있으며 이는 기술적 대상의 작용에 대한 설명으로까지 이어진다(황수영, 2017).

인공지능의 창발적 전개 과정

1950년대에 시작되어 오늘날까지 진행된 인공지능의 발전 과정을 보면 기술적 축적으로만 설명할 수 없는 매우 근본적인 변화가 있었음을 알 수 있다. 인공지능 기술의 도약과 그것이 인간의 삶에 가져온 성과 및 미래적 전망 등을 철학적 관점에서 볼 때 넓게는 존재의 철학에서 생성의 철학으로, 좀 더 구체적으로는 선형적 인과성에서 비선형적 인과성 혹은 창발적(emergent) 관점으로의 이동을 볼 수 있다. 창발성이란 20세기 후반에 발달한 복잡계(complex system) 이론의 주요 개념이다. 떠오름, 느닷없이 나타나는 현상이나 능력이라는 표현을 쓰기도 한다. 인공지능 연구가 진행될수록 복잡계 이론의 영향을 받는 것을 볼 수 있다.

논리적 규칙과 기호 조작을 중심으로 이루어진 인공지능 연구 초기에는 인간의 사고 과정을 수학적 · 논리적으로 모형화하려는 시도가 주를 이루었다. 연구자들은 규칙과 알고리즘을 바탕으로 인과적인 문제 해결 과정을 설계했고, 이는 선형적 인과성을 기반으로 하는 연구였다고 할 수 있다. 1960년대와 1970년대에는 전문가의 지식을 규칙화해 컴퓨터에 적용하는 '전문가 시스템(expert systems)'을 중심으로 의료, 금융, 법률 등 특정 분야에서 효과적인 연구가 진행되었다. 그러나 이 접근은 구체적인 규칙을 정의하고, 이 규칙을 적용해 단계적으로 문제를 해결하려는 시도라는 점에서 여전히 선형적 인과성의 관점에서 이루어졌다.

1980년대부터 인공지능 연구에 단순한 규칙 기반 접근에서 벗어나 데이터를 기반으로 패턴을 학습하는 '기계 학습(machine learning)'이 등장한다. 여기서 컴퓨터는 명시적인 프로그래밍 없이 데이터를 통해 학습하고, 이를 바탕으로 예측이나 의사 결정을 할 수 있다. 이 시기에 인공 신경망 연구의 부활과 함께 기계 학습의 중요한 알고리즘으로서 다층 퍼셉트론의 학습을 위한 '역전파(backpropagation)' 알고리즘이 제시되었다. 1990년대에는 이러한 인공 신경망 연구의 발전으로 심층 학습이 가능해진다. 컴퓨터는 단순히 입력 데이터를 학습하는 것을 넘어서, 복잡한 데이터의 패턴과 특징을 추출하는 창발적인 능력을 보여 준다. 예를 들면 디지털 이미지의 단위인 화소(pixel)와 같은 원시 데이터들을 받아들여 여러 신경망 층을 넘나들며 선, 모서리와 같은 기본적 형태들로부터 점차 모양, 구조, 전체적 도식과 의미 등을 파악한다(김대식, 2016). 이러한 학습 과정은 복잡계 이론에서 다루는 자기 조직화와 유사한 성질을 띤다.

복잡계는 대규모로 결합된 미시적 구성 요소들이 다양한 방식으로 상호 작용하면서 예측 불가능한 거시적 형태나 행위를 만들어 내는 시스템을 말한다(Prigogine, 1982/1997). 복잡계의 병렬적이고 자율적인 상호 작용 모형은 대규모 신경망의 설계와 학습 과정에 영감을 제공했다. 인공지능의 심층 학습 모형에서는 다층 퍼셉트론의 한 층에서의 학습 결과가 다른 층에 영향을 주고, 이런 상호 작용이 왕복, 반복되면서 처음에는 예상치 못했던 창의적 결과를 도출해 낸다. 이러한 상호 작용의 방식은 병렬적이고 비선형적이어서 원인과 결과의 단선적인 인과 구조로는 설명하기 어렵다. 또한 외부에 존재하는 규칙에 의해서가 아니라 시스템이 스스로 질서 있는 패턴이나 구조를 형성하는 데서 그것은 복잡계의 자기 조직화나 창발적 현상에 비교할 수 있다.

2000년대 이후에는 인터넷의 확산과 함께 가용적 데이터의 양이 폭발적으로 증가하면서 딥러닝 모형은 다시 한번 도약적 발전을 하게 된다(정혜선, 2020). 1980~1990년대에도 중요한 대규모 데이터 코퍼스들이 출현했지만 주로 특정 응용 프로그램에 맞춘 제한된 범위의 데이터들이었고, 2000년대 중반부터는 웹사이트, 소셜 미디어, 모바일 기기들의 보급으로 엄청난 양의 데이터가 생성되어 신경망 훈련에 유용한 기반으로 사용될 수 있었다. 또한 검색 엔진 회사인 구글 같은 기업이 축적한 대규모 데이터는 인공지능 연구의 원동력이 되었다. 이런 배경에서 인공 신경망 연구는 단순한 패턴 학습을 넘어서 추론과 창의적 문제 해결을 가능하게 하는 방향으로 발전한다. 예를 들어, 트랜스포머 기반 대규모 언어 모형, 즉 GPT-3 이후의 모형들은 질문에 대한 창의적인 답변을 제시하거나 인간이 기대하지 않았던 방식으로 문맥을 처리하는데, 이는 인공지능의 도약적 발전을 보여 주는 놀라운 결과라고 하지 않을 수 없다.

참고문헌

김대식(2016). 『인간 vs 기계』. 동아시아.

정혜선(2020). 인공지능과 인지과학: 기회와 도전. ≪한국심리학회지: 일반≫, 39(4), 543-569쪽.

황수영(2017). 『시몽동, 개체화 이론의 이해』. 그린비.

Bergson, H.(1907). *L'évolution créatrice*. 황수영 옮김(2005). 『창조적 진화』. 아카넷.

Prigogine, I.(1982). *La Fin des certitudes*. 이덕환 옮김(1997). 『확실성의 종말: 시간, 카오스, 그리고 자연 법칙』. 사이언스북스.

Prigogine, I., & Stengers, I.(1979). *La Nouvelle alliance: Métamorphose de la science*. Paris: Gallimard.

06
기술적 대상의 자기 동일성과 인공지능

자기 동일성은 영원의 존재를 가정하는 개념이 아니라 끊임없이 생성, 변화하며 일정한 구조 안에서 지속될 뿐인 존재를 지칭하는 개념이다. 생명체는 환경과의 상호 작용 속에서, 기술적 개체들은 그것이 활용되는 기술적 환경 및 다른 기술적 개체들과의 집합 속에서 비로소 자기 동일적 존재자로 작동할 수 있다. 인공지능은 단지 소프트웨어 프로그램인 것만이 아니라 소프트웨어와 하드웨어의 위상 및 상호 관계에 의해 자기 동일성이 규정된다.

AI와 야구?

자기 동일성과 심신 이론

전통 철학의 중요한 주제인 자기 동일성(identity) 개념은 한 존재자가 시간의 흐름 속에서 어떻게 동일한 존재자로 지속할 수 있는가 하는 문제를 다루는데, 이는 존재자가 어떻게 존재자로서 규정될 수 있는가에 대한 근본적인 물음이라 할 수 있다. 파르메니데스의 철학처럼 극단적인 '존재의 철학'에서는 변화 속에서 자신의 존재를 유지할 수 없는 것은 존재가 아니라고 본다. 이 때문에 존재의 개념은 추상화되고 현상과 양립하기 어렵게 된다. 특히 인간의 경우 신체를 고려하면 자기 동일성은 불완전할 수밖에 없다. 그것은 변화 속에서 유지될 수 없기 때문에 결국 영혼이나 정신에 의지할 수밖에 없고 이는 플라톤에게서 그러한 것처럼 궁극적으로 영혼 불멸설에 이른다. 이와 같이 인간의 자기 동일성 개념은 심신의 관계를 다루는 심신 이론과 밀접한 연관을 가지고 있다.

근대에 와서 자연 과학적 사고가 진전됨에 따라 물질의 지위에 대한 복권이 부분적으로 이루어진다. 근대 심신 이론은 유명한 논쟁의 역사를 가지고 있으며 대표적으로 심신 이원론, 평행론, 유물론적 일원론의 입장이 있다. 데카르트의 심신 이원론은 정신과 물질을 각각 사유 실체, 연장 실체라 규정해 두 종류의 자기 동일적 실체를 주장한다. 평행론은 물질이 분할 가능하기 때문에 실체일 수 없다는 고트프리트 라이프니츠(Gottfried W. Leibniz)의 비판에서 유래한다. 바루흐 스피노자(Baruch Spinoza)는 정신과 물질이 신(자연)이라는 유일한 실체의 두 속성이라고 주장하는데, 속성들 자체는 독립적이면서도 평행하게 발생하는 사건들이다. 유물론적 일원론은 정신 현상도 기계적 운동으로 설명하는 라메트리의 인간 기계론에 근원이 있으며 현대에는 그것을 뇌의 분자 운동으로 설명하는 심신 동일론으로 나타난다.

점차로 정신적 실체성을 거부하고 물질의 존재론적 지위를 격상시킴에 따라 자기 동일성 개념에서 불멸이라는 척도는 무색해졌다. 근대 원자론에서 원자는 불멸의 존재로 구상되었지만 현대 과학에서 이는 부정되었고 물질은 가분적이며 시간 속에서 다양한 양태들로 변화하고 생성 소멸하는 존재자로 간주된다. 이는 존재의 철학이 아니라 오히려 생성 철학의 입장에 유리한 관점일 수 있다. 베르그손에 의하면 생명과 정신은 변화 속에서 새로움을 창조하면서도 스스로 유기적 통일성을 이루는 흐름이며 물질은 요소적 운동들의 반복이다. 전체 우주는 창조와 생성의 끝없는 흐름이다. 시몽동은 생성의 흐름 속에서 존재자가 구성되는 과정을 강조한다. 호

름 속에서 스스로 자기 동일성을 만들어 내는 과정이 있고 결과로 나타난 존재자는 일정한 구조를 갖는다. 구조는 영원하지 않지만 그것이 지속되는 유한한 기간 동안은 존재자의 자기 동일성을 유지한다. 생성의 철학에서 볼 때 우리가 알고 있는 정신과 물질은 스피노자의 용어를 빌면 양태(mode)들에 불과하다. 정신과 생명, 물질로서 우리에게 나타나는 존재자들은 각각 생성의 결과들로서 서로 다양하게 관계 맺을 수 있다. 이는 일종의 다원적 존재론에 가깝다(황수영, 2018).

기술적 존재자의 자기 동일성

불변적 자기 동일성을 가정하는 존재의 철학에서는 기술적 존재자의 위치가 애매하다. 형상이나 원자, 법칙과 같은 불변적 질서의 세계가 존재의 기반을 이루고 이를 인식하는 특권을 가진 인간이 이성을 통해 그것들을 인식한다. 기술적 대상은 이러한 인간들의 욕망에 종속된 존재자다. 즉, 인간의 자의에 의해 구성되고 해체될 수 있는 불안정한 존재자다. 물론 아리스토텔레스는 질료의 고유한 특징을 인정했고 근대 과학의 물질적 자연에 대한 연구는 기술의 발달에 기여한 것이 사실이다. 그러나 데카르트가 우주를 기계라고 선언한 이후에도 기술적 대상들은 기계적 자연의 범주에 포섭되어 그것들의 개별성은 관심의 대상이 되지 못했다. 한편, 생명주의나 생물학주의적 관점은 기술적 대상에 대해 다른 관점을 제시하고 있다. 이에 의하면 기계나 기술은 단순히 인간의 가변적 욕망에 봉사하는 것이 아니라 생명체로서의 인간이 환경에 적응하고 생존하기 위해 개발한, 생명의 확장된 기관으로 간주된다. 기술은 인간이 다른 동물들에 비해 부족한 신체적 힘의 사용을 물질에 외주하는 방식으로 개발된 도구적 속성을 갖는다. 생명주의는 인간주의에 비해 기술적 대상의 존재 필연성을 설득력 있게 제시하고 있지만 여전히 그 고유한 특성을 인정하고 있지 않다(황수영, 2021).

시몽동은 개체화 이론에서 기술적 대상들이 개체화되는 과정을 제시한다. 인간과의 관계를 떠나서 기술적 대상만을 고려해 보면 기술적 대상은 고유한 발생 과정을 거치며 일정한 존재 양식을 가지고 자기 동일성을 구성한다. 기술적 대상들에는 기술적 요소, 기술적 개체, 기술적 집합체가 있으며 이 가운데 기술적 개체는 상당히 안정적인 자기 동일성을 이룬다. 그것은 귀납적 탐구에 적합한 개체 존재자의 위상을 갖는다. 기술적 개체는 생명체의 직접적 확장은 아니지만, 추상적 형태의 인공물에서 구체화되면서 자연적 형태 즉 유기체에 가까운 인공물이 된다. 시몽동은 기술적 요소들을 생명체의 기관에, 기술적 개체들을 유기체에 비교한다. 기술적 개체는 구체화 단계에서 서로 간에 잘 적응된 요소들 즉 부품들의 조합으로 이루어져 있고 개체의 성능은 이러한 요소들의 기술적 효능에 의해 결정된다. 예를 들면 자동차 엔진의 경우 강철은 고온과 고압을 견디는 특성을 가지고 있어서 피스톤이나 실린더 같은 핵심적 부품에 사용되며, 알루미늄은 상대적으로 가볍고 열 전도성이 높아 냉각이 필요한 부품에 사용된다. 이런 물질적 특성 덕분에 엔진의 효율성과 내구성이 극대화되고 자동차의 성능과 지속 가능성이 증강된다. 한편, 기술적 개체는 생명체와 마찬가지로 그것을 둘러싸는 환경과 더불어 탄생하고 작동한다. 새롭게 탄생한 기술적 개체는 개별자인 동시에 한 유형을 대표하기도 하기 때문에 생물종에 비유될 수도 있다. 생명체가 환경과의 상호 작용 속에서 자기 동일성을 유지하듯이 기술적 개체들도 그것이 활용되는 기술적 환경 및 다른 기술적 개체들과의 집합 속에서 비로소 자기 동일적 존재자로 작동할 수 있다(Simondon, 1958/2011).

인공지능의 자기 동일성

기술적 개체의 자기 동일성이 요소들의 물질성과 환경에 대한 적응에 의존한다면 인공지능은 이보다 꽤 복잡한 구조를 갖는다. 인공지능이 기술적 개체로 기능하기 위해서는 소프트웨어와 하드웨어의 조합이 필요하기 때문에 이것들 각각의 위상 및 상호 관계가 인공지능의 자기 동일성을 규정하는 데 결정적 영향을 미친다. 여기에는 철학의 심신 이론에서 나타나는 것과 유사한 문제들이 나타난다. 인지 과학과 심리 철학은 인공지능 연구의 초기 단계부터 이러한 문제에 대해 서로 밀접한 관련을 맺고 전개되어 왔다. 인지 과학의 세 입장인 기호주의, 연결주의, 체화주의는 인지 현상의 연구 방법에 따른 차이를 보여 주고 심리 철학은 정신적 현상(소프트웨어)과 물질적 현상(하드웨어) 간의 관계를 어떻게 볼 것인가 하는 문제에 집중한다. 물론 여기에 전통적인 실체 이원론이 설 자리는 존재하지 않는다. 그러나 물리적 기반 위에서 두 현상의 분리 가능성을 어떻게 볼 것인가, 환경과의 상호 작용은 어떠한가 등의 기준에 따라 인공지능의 자기 동일성에 대한 관점이 달라질 수 있다.

첫 번째로 두 현상의 분리 가능성을 주장하는 입장은 기능주의(functionnalism)로 대표된다. 기능주의는 튜링 기계와 컴퓨터 프로그램 그리고 정보 이론을 바탕으로 구상되었으며 기호주의 인지론의 철학적 입장을 대변한다. 입력이 주어지면 계산 기능을 통해 적절한 반응을 출력하는 기능적 속성은 특정한 물리적 상태로 환원되기보다는 논리적, 수학적 구조와 규칙으로 설명할 수 있다. 기능주의의 선구자인 힐러리 퍼트넘(Hilary W. Putnam)에 의하면 기능적 속성은 다양한 물리적 구조에서 동일하게 수행될 수 있는 다중 실현(multiple realization)이라는 특징을 갖는다. 예를 들면 컴퓨터나 로봇, 자율 주행 자동차 등에서 실행되는 동일한 기능이 인간의 정신 활동과 본질적으로 차이가 없다는 것이다. 인간의 정신은 컴퓨터의 계산 과정과 다르지 않은데, 물론 여기서 자아 의식과 같은 것은 고려되지 않는다. 실체 이원론에 대한 반발로 1950년대에 나타난 물리주의적 심신 동일론은 소프트웨어의 정보 처리 과정을 물리적 상태로 완벽하게 설명하는 데 난점이 있었기 때문에 기능주의에 자리를 내준다. 인공지능에서 중요한 것은 소프트웨어의 작동이기 때문에 기능주의에 의하면 물질과 독립된 형식적 기능만으로 인공지능의 자기 동일성을 확보할 수 있다(Kim, 1996/1997).

한편, 뇌의 신경망 구조를 모방해 정보 처리 과정을 설명하는 연결주의에서도 기능적 역할에 기반해 인지 상태를 설명하려는 입장이 대부분이다. 뇌에 입력된 정보는 여러 뉴런의 연결망(network)에 분산되어 병렬적으로 처리된다. 즉, 정신 활동이 뇌의 특정 부위나 구조에 고정되지 않고 다양한 연결 방식에 따라 변화할 수 있으며, 이를 통해 복잡한 인지적 기능을 수행할 수 있다(공용현, 1994). 인공지능의 경우 프로그램을 주입하는 대신 학습(기계 학습) 규칙들을 제공해 스스로 문제를 풀게끔 유도한다. 학습은 뉴런들 간의 연결을 강화하는 결과를 낳는다. 이는 기호 조작과는 다른 귀납적 · 확률적 특징을 갖지만, 이 역시 신경망이라는 내부의 구조에 기인하는 기능적 역할에 의해 인지 상태를 설명하기에 기능주의 입장에서 자기 동일성을 말할 수 있다.

두 번째로 소프트웨어의 분리 가능성을 인정하지 않는 체화주의 입장을 보자. 이 입장은 마음이 신체 또는 마음의 생물학적 기반인 뇌에 구현되어 있다고 주장한다. 기능주의가 인지 과정을 주객 이원성에 기초해 외부의 자극을 내부의 형식적이거나 구조적인 토대 위에서 처리하는 정보적 과정으로 본다면, 체화주의는 신체와 행동의 차원 그리고 환경과의 상호 작용을 필수적인 것으로 전제한다(이기흥, 2015). 인지 과정에서 중요한 것은 미리 주어진 프로그램이 아니라 환경에 대한 반응으로서 인지는 지각-운동의 연결 시스템으로부터 나타나는 창발적 효과다. 뇌는 외부를 표상하는 기관이 아니라 지각과 운동을 조직하고 제어하는 역할을 한다. 로드니 브룩스(Brooks, 2002/2005)는 중앙 통제 시스템이 아니라 지각-운동 연동 시스템을 갖는 로봇을 설계했다. 로봇은 신체를 통해 감각 자료를 받아 즉각적으로 환경에 반응하고 상호 작용하면서 학습할 수 있다. 이 과정에서 예측하지 못한 복잡한 행동이 자연스럽게 발생할 수 있다. 체화주의 인지 모형은 실체 이원론과 동일론을 거부하는 동시에 기능주의적 이원성도 거부한다. 인지 과정은 생명체 혹은 기술적 존재자가 환경과 인과적인 결합체를 이루며 상호 작용을 통해 자기 동일성을 만들어 가는 과정에서 생겨난다.

체화주의의 기본 구상은 베르그손과 모리스 메를로-뽕띠(Maurice Merleau-Ponty), 시몽동, 그리고 사이버네틱스의 피드백 모형과도 유사한 데가 많다. 이런 입장들에서 소프트웨어와 하드웨어의 엄밀한 분리는 인정하기 어렵다. 소프트웨어는 인간의 신체든 로봇이든 하드웨어를 가지고 환경과 상호 작용하며 새로운 것으로 생성되는 과정에서 비로소 의미를 가질 수 있다. 사실 연결주의에서도 인지가 신경망을 통한 학습을 필수적 수단으로 삼는 점에서는 체화주의적 관점으로 볼 수 있는 여지가 있다. 또한 그 결과 예측할 수 없던 놀라운 결과들이 창발되는 현상도 기능주의적 관점만으로 설명되지 않는다. 그런데 체화주의에서는 인공지능이 학습을 반복하면서 이전의 상태와 달라질 수 있다면 그것을 동일한 존재로 볼 수 있는가 하는 물음이 제기될 수 있다. 자기와 달라지는 것까지도 포함하는 자기 동일성의 개념을 인정해야 하는가, 만약 그렇다면 어느 수준까지 인정해야 하는가? 아니면 존재의 철학으로 돌아가 변화를 포함하는 자기 동일성을 부정해야 하는가?

참고문헌

공용현(1994). 계산주의, 연결주의, 단순성. ≪철학연구≫, 34, 151-165쪽.

이기흥(2015). 체화인지 기반 통합형 인지계 모델에 관한 예비적 고찰: 인지계의 구조에 관한 한 연구, ≪대동철학≫, 70, 197-223쪽.

황수영(2018). 『질베르 시몽동』. 커뮤니케이션북스.

황수영(2021). 시몽동의 기술 철학에서 규범성의 문제: 생명적 규범성과 사회적 규범성 사이에서. ≪근대철학≫, 18, 51-90쪽.

Brooks, R.(2002). *Flesh and machines: How robots will change us.* 박우석 옮김(2005). 『(로드니 브룩스의) 로봇 만들기』. 바다출판사.

Kim, J.(1996). Philosophy of mind. 하종호 · 김선희 옮김(1997). 『심리철학』. 철학과 현실사.

Simondon, G.(1958). *Du mode d'existence des objets techniques.* 김재희 옮김(2011). 『기술적 대상들의 존재 양식에 대하여』. 그린비.

07
기술적 환경과 인공지능

환경이 과거에는 단지 도구의 의미로 이해된 반면, 현대에는 철학적으로 더욱 더 확대되고 심화된 의미를 갖는다. 환경은 인간에게만 존재하는 것이 아니라 기술적 존재자들에게도 필수적이다. 모든 개체는 연합된 환경과 동시에 탄생하고 공진화한다. 게다가 현대의 기술적 대상들은 네트워크로 연결되어 있어 기술적 환경은 더욱 더 중요한 것으로 등장한다. 인공지능의 기술적 환경은 컴퓨팅 자원, 데이터, 네트워크 연결 외에도 사용자와의 상호 작용과 피드백을 포함하는 복합적 체계를 이룬다.

AI와 윤동주?

존재, 환경, 기술

환경이 철학적 주제로 등장한 것은 오래되지 않는다. 환경에 대한 관심은 기술 발달의 결과로 나타난 산업 혁명이 야기한 문제들, 즉 환경 위기와 더불어 나타났다. 현대 철학에서는 환경의 개념 자체가 다양한 방식으로 사색의 대상이 되고 있다. 전통 철학에서는 환경보다는 자연의 관념 그리고 인간과 자연의 관계라는 광대한 주제를 탐구하곤 했다. 그러나 자연이 인간의 개입이 없을 때부터 존재하는 모체와 같은 것으로 간주되는 반면, 환경은 인간이 자연을 이용하고 변형하는 과정에서 재구성한 유무형의 공간을 의미한다. 따라서 환경은 그 자체로 영속적으로 존재하는 것이 아니라 인간의 삶과 상호 작용하는 모든 요소를 포함하며, 인간의 활동에 따라 부단히 변화할 수 있다.

현대 철학에서 환경의 철학적 의미는 더욱 더 확대되고 심화된다. 그것은 단순히 자연을 이용하고 변형한 결과에 그치지 않고 인간의 존재 방식 자체를 결정하는 수준에 이른다. 마르틴 하이데거(Martin Heidegger)는 초기 저작인 『존재와 시간』(1921/1998)에서 인간을 무엇보다도 실존(Existenz)이라는 특징에 의해 규정하고 이러한 특징을 갖는 존재를 '현존재(Dasein)'라고 불렀다.

현존재는 언제나 세계 내에서 다른 인간들 및 사물들과 관계하는 '세계 내 존재(In-der-Welt-sein)'이다. 세계는 어떤 틀로서 주어진 빈 그릇과 같은 것이 아니라 현존재와 상호 관계 속에서 비로소 세계로 존재하고 그 반대도 마찬가지다. 여기서 우리가 대면하고 있는 존재자들은 우선 도구적 존재자들 즉 기술적 대상들이다. 도구들은 인간과 관련한 목적들의 연관 속에서 전체를 이룬다. 예를 들면 망치는 사색의 대상이 아니라 사용의 대상이다. 그것은 못을 박기 위한 것이고 못은 옷을 걸기 위한 것이며, 이런 식으로 도구들 전체가 커다란 순환 속에서 서로 연결되어 있다. 도구들이 만들어 내는 목적 연관의 세계가 바로 현존재로서의 인간이 거주하는 세계이며 인간이 존재하기 위한 가능성의 조건이자 지평이다.

하이데거에게 환경은 단순한 물리적 배경이 아니라, 인간의 활동과 삶의 조건이자 그것들과 하나를 이룬다. 세계와 현존재는 서로 의존하고 서로를 가능하게 하는 근원적인 공속 관계에 있다는 점에서 하이데거는 기술적 대상들로 구성된 환경의 철학적 의미를 잘 밝혀냈다(박찬국, 2014). 그러나 여기서 기술적 대상들 자체는 인간에게 단지 도구적인 것으로 드러날 뿐이며 그것은 결국 인간의 관심에 의해 변형된 자연이다. 도구라는 특징은 인간이 기술적 대상들의 집합인 환경과 맺는 관계의 한 측면일 뿐이다. 기술적 대상들은 인간에 대한 관계에서 환경을 구성할 뿐만 아니라 그 자체가 발생과 진화를 거치는 존재자들이다. 발생의 측면에서 볼 경우 기술적 존재자들도 자체의 환경을 필수로 가진다.

시몽동은 기술적 대상과 환경의 관계를 존재론적 시각에서 좀 더 심층적으로 보여 준다(황수영, 2017). 그의 개체화 이론에 의하면 기술적 개체들은 단독으로 발생하지 않고 언제나 환경과 더불어 나타난다. 개체화 이론은 존재자의 생성을 개체가 구성되는 과정으로 설명하고 개체화 이전과 이후를 나눈다. 개체화 이전의 '전개체적 상태'는 구체적 존재자가 아니라 잠재력을 가진 에너지 상태다. 본래는 양립 불가능한 힘들이 긴장 속에서 양립하고 있는 상태이며, 결정의 씨앗과 같이 우발적이고 사소한 요인에 의해 무엇인가로 생성될 수 있는 폭발적인 힘을 내장하고 있다. 에너지적 요인과 우발적 요인이 결합하면 상전이(phase transition) 현상처럼 개체화 작용이 촉발되고 그 결과는 개체와 거기에 연합된 환경의 탄생이다. 따라서 존재하는 것들은 개체들의 총합이 아니다. 거기에는 개체, 환경, 그리고 이를 가능하게 하는 전개체적 잠재력이 포함된다.

이 이론에 의하면 개체와 환경은 본래 에너지 상태로 불안정하게 양립하던 관계이기 때문에 개체화 이후에도 서로의 존재를 규정하며 필연적 상호 작용 속에 있다. 이는 물체, 생명체, 인간, 그리고 기술적 대상들에 이르기까지 동일하게 적용된다. 물체의 경우 환경이라는 용어가 가진 인간적 함축 때문에 좀 어색한 면이 있지만 예를 들면 결정의 탄생을 가능하게 하면서 그것과 더불어 존재하는 에너지계를 환경으로 볼 수 있다. 생명체의 경우 제임스 러브록(Lovelock, 1979/2023)은 생명체와 환경이 동시에 탄생하고 공진화한다는 것을 잘 보여 준 바 있다. 또한 세계 내 존재로서의 인간이 환경과 동시적 존재임은 말할 필요가 없다. 환경은 존재자가 역동적 활동을 하기 때문에 그 배경으로서 혹은 상호 작용의 대상으로서 필수적인 것이다. 기술적 개체들 또한 그 본질이 작동이기에 고립된 상태로 있을 수 없고 작동에 적합한 환경을 필요로 한다. 예를 들면 전기 기기들은 전력 공급 회로를, 항공기는 활주로를, 스마트폰은 통신망을, 원자로는 냉각 시스템을 연합된 환경으로 가진다(Simondon, 1958/2011).

인공지능과 환경

인공지능이 작동하기 위해 필요한 환경은 단순하지 않다. 인공지능은 소프트웨어와 하드웨어, 즉 지능과 인공물의 결합으로 작동한다. 여기서 기능주의 입장처럼 소프트웨어 프로그램만으로 인공지능의 자기 동일성을 정의한다면 하드웨어인 컴퓨팅 자원은 첫 번째 환경에 해당한다. 우선 복잡한 연산을 처리하기 위해 고성능의 프로세서가 필요하다. 일반적 연산을 담당하는 중앙 처리 장치(CPU), 다수의 연산을 동시에 병렬 처리하며 이미지 인식이나 자연어 처리와 같은 대규모 데이터 연산에 최적화된 그래픽 처리 장치(GPU), 기계 학습 알고리즘의 작업을 가속화하는 텐서 처리 장치(TPU) 등이 있다. 다음에는 사용 중인 데이터를 임시로 저장하고 처리하는 공간인 메모리(RAM), 사용자 데이터와 운영 체제 파일을 영구 저장하는 공간인 스토리지(storage)가 있다. 프로세서와 메모리 등의 성능에 따라 연산의 속도와 효율성이 증가할 뿐만 아니라 전력 소비를 줄이고 더 환경 친화적인 방식으로 인공지능 모델을 운영할 수 있다.

두 번째로, 소프트웨어와 하드웨어를 분리해서 고려하든, 결합의 필요성을 강조하든, 데이터베이스는 환경의 중요한 요소를 이룬다. 컴퓨팅 자원과 결합한 프로그램이 애초에 규칙 기반의 연역적 기능으로 설계된 반면, 데이터베이스는 다양한 정보들로부터 귀납적 기능을 통해 문제 해결에 도움을 준다. 데이터는 인공지능의 학습 재료이고, 데이터베이스는 데이터를 체계적으로 저장·관리해 필요한 데이터를 효과적으로 제공하는 저장소 역할을 한다. 데이터베이스의 목적은 필요한 정보를 신속히 제공해 인공지능이 실시간으로 적절한 인식을 하고 판단을 내리는 데 도움을 주는 것이다. 예를 들어 의료 분야에서는 의료 영상(CT, MRI), 환자의 진단 기록, 유전자 정보, 생활 습관 정보 등의 다양한 데이터를 전자 의무 기록 시스템과 같은 의료 데이터베이스에서 보관·관리하는데, 이 자료들은 환자의 질병을 진단하거나 예후를 예측하는 데 사용된다. 자율 주행 차량의 경우, 지도 데이터베이스와 차량 통신 데이터베이스는 실시간 도로 상황과 교통 정보를 제공해 자율 주행 인공지능이 안전한 경로를 판단하고 주행 결정을 내리는 데 중요한 역할을 한다.

세 번째로 인터넷은 컴퓨팅 차원에서든 데이터베이스의 차원에서든 인공지능 시스템의 중요한 환경 요소가 된다. 데이터베이스는 인터넷과 연동되어 최신 데이터를 지속적으로 수집하고 업데이트함으로써 날씨 예측이나 도로 상황, 금융 시장 상황 등에 대한 실시간 분석에서 인공지능 시스템이 가장 최신 정보에 접근할 수 있게 해 준다. 또한 많은 인공지능 시스템은 클라우드 기반으로 작동하며 컴퓨팅 자원의 도움을 받는다. 즉, 인터넷과 네트워크 연결을 통해 서버와 컴퓨팅 자원을 원격으로 사용하며 데이터를 주고받고 연산을 수행한다. 클라우드 서비스 제공 업체들은 대규모 데이터의 병렬 처리를 위해 여러 컴퓨팅 자원을 하나로 묶어(클러스터링) 운용하거나 하나의 작업을 여러 컴퓨터들에 나누어 처리하는 분산 처리 기술로 인공지능 훈련을 가속화한다(Russell, 2004). 분산 학습 환경에서는 여러 장치와 데이터센터 간에 빠르게 데이터를 주고받아야 하므로 고속 인터넷과 안정적 네트워크 환경이 필수적이다.

인공지능 시스템이 제대로 작동하고 그 목적을 달성하기 위해서는 컴퓨팅 자원, 데이터, 네트워크 연결 외에도 사용자와의 상호 작용과 피드백, 다양한 물리적 센서를 통한 환경 정보 제공, 지속적인 전력 공급과 냉각 시스템 등의 물리적 인프라, AI의 사용과 개발에 영향을 미치는 법적 · 사회적 환경 등이 필수적이다. 이 환경들은 단순히 인간의 변덕스런 요구에 의해 첨가된 것이 아니라 인공지능의 작동의 필연성에 따라 동시 발생하고 공

진화한다. 이처럼 인공지능은 단독으로 존재할 수 없고 그 기능을 적절히 수행하기 위해 다수의 연합된 환경 요소와 상호 작용한다는 점에서 여타의 기술적 대상들, 심지어 유기체와도 비교할 수 있는 존재자의 특성을 가진다.

참고문헌

박찬국(2014). 『하이데거의 존재와 시간 강독』. 그린비.

황수영(2017). 『시몽동, 개체화 이론의 이해』. 그린비.

황수영(2018). 『질베르 시몽동』. 커뮤니케이션북스.

Heidegger, M.(1927). *Sein und zeit*. 이기상 옮김(1998). 『존재와 시간』. 까치글방.

Lovelock, J.(1979). *Gaia: A new look at life on earth*. 홍욱희 옮김(2023). 『가이아, 살아있는 생명체로서의 지구』. 갈라파고스.

Russell, S.(2004). *Artificial intelligence: A modern approach*. 류광 옮김(2021). 『인공지능: 현대적 접근방식』. 제이펍.

Simondon, G.(1958). *Du mode d'existence des objets techniques*. 김재희 옮김(2011). 『기술적 대상들의 존재 양식에 대하여』. 그린비.

08
인공지능과 인간의 관계 맺기

인공지능은 인간에게 매우 친숙한 존재이면서도 지적 능력에서 점차 인간을 능가하며 정신적 존재로서의 인간의 정체성을 위협하는 듯하다. 그러나 인간과 인공지능의 관계는 단순한 기능적 동일성의 차원이 아니라 차이에 기초해 새롭게 정립할 필요가 있다. 생명체가 내포하는 주관성과 신체성을 포함해 각 존재자들의 독특성과 동시에 존재론적 동등성을 인정한다면 인간과 인공지능의 관계를 동반자로 정립할 수 있다.

AI와 한의학?

인간의 의식과 기계의 의식?

인공지능은 기계 중에서도 매우 특별한 기계다. 그것은 인간과 지적 능력을 다투고 점차 인간을 능가하며 여러 방면에서 인간에게 매우 친숙할 뿐만 아니라 두려움까지 주는 존재가 되어 가고 있다. 인공지능이 인간에게 어떤 존재가 될지, 양자 간의 관계가 과연 어떤 방향으로 나아갈지 예측할 수 있을까? 이런 문제는 우선 인간이 인공지능을 어떻게 이해하는가에 달려 있다. 인공지능 연구의 초기부터 대체로 기능주의가 그것의 본성을 규정하는 입장으로 자리를 굳혀 왔다. 1950년 앨런 튜링(Alan Turing)이 제안한 튜링 테스트는 기계가 인간처럼 생각할 수 있는지 판별하는 실험으로, 인간 면접관이 텍스트를 통한 실험에서 피실험자가 인간인지 기계인지 구분할 수 없다면 해당 기계는 "인간처럼 생각할 수 있다"고 간주된다. 여기서는 인간과 기계를 비교할 때 물리적 · 생물학적 정체성은 도외시하고, 단지 지적 기능과 정보적 소통 능력만을 기준으로 삼는다(Edelman, 1991/1998). 기능주의는 이 외의 것을 과감하게 생략함으로써 인공지능과 인간 정신의 기능적 동일성을 주장하기에 이른다.

인간의 의식이 뇌와 같은 특정한 물리 생물학적 매체

에 의존하지 않으며, 다른 형태의 매체에서도 실현 가능하다는 생각이 곧 퍼트넘이 제시한 다중 실현 가능성이라는 개념의 의미다. 이러한 관점이 가져온 문화적 반향은 SF적 상상력에 잘 나타난다. 1980년대에 한스 모라벡(Moravec, 1988/2011)은 인간의 정신을 기계로 업로드할 수 있다는 발상을 제시해 신체를 초월한 의식의 불멸성이라는 트랜스휴먼(transhuman)적 목표를 제시했다. 트랜스휴머니즘은 인간의 능력을 기술적으로 향상시키는 데 제약을 두지 않는 입장이다. 모라벡의 주장을 이어받아 1990년대에 레이 커즈와일(Kurzweil, 2005/2007)은 인간의 생물학적 한계를 극복하고 나노 기술과 인공 신경망 기술의 발전을 통해 인간과 기계의 통합을 주장하며 대중적 인지도를 얻는다. 인공 신경망 연구는 인간의 인지적 특징을 기계적으로 모방하는 것을 가능하게 했으며, 이들이 주장한 디지털 불멸성, 의식 업로드 같은 구상을 강화하는 데 중요한 과학적 근거로 작용했다. 이외에도 생명 공학 기술의 성과들 및 인간-기계 융합을 통한 새로운 존재의 창출 가능성은 전통적인 인간의 개념을 뛰어넘는 포스트휴머니즘으로 가는 길을 열었다.

인간의 정신과 인공지능을 동일시하는 관점에 대한 비판은 사실 기호주의가 지배하던 시대부터 있어 왔다.

토머스 네이글(Thomas Nagel)은 1974년 "박쥐가 된다는 것은 무엇인가?(What is it like to be a bat?)"라는 도발적 제목의 논문을 통해 의식이란 단순히 물리적 과정인 것만도 아니고 정보 처리나 행동 패턴만으로 설명될 수 있는 것도 아니며, 특정한 존재의 상태에 따르는 고유한 주관적 경험을 포함한다고 주장했다. 예를 들어 박쥐는 우리와는 이질적인 생명 형태로서 초음파를 사용해 주변 환경을 인지한다. 이는 우리가 상상할 수 있는 것과는 전혀 다른 경험에 속하기에 우리는 그 감각이 어떤 주관적 느낌을 동반하는지 알 수 없다. 즉, 박쥐가 되는 것과 박쥐의 행동을 관찰하거나 기술하는 것은 근본적으로 다르다는 것이다. 과학적 방법론은 객관적이고 제3자적인 관점을 기반으로 하지만, 의식은 본질적으로 1인칭적 경험이다. 따라서 물리주의적 설명이나 기능주의적 설명은 필연적으로 주관적 경험의 본질을 놓치게 된다.

주관적 경험에 대한 강조는 현상학이나 생철학, 실존주의 등 현대 철학의 다양한 사조들에서 나타나는 것으로서 의식의 환원 불가능한 성질 혹은 질적 특성(qualia)에 기초한다. 다른 한편으로 현재의 신경망 연구의 근본적 문제점을 지적하는 체화주의 입장에서도 유사한 요구가 나타난다. 오늘날 딥러닝 모형은 병렬 연산과 빅 데이터의 활용 덕분에 인간의 지능을 디지털로 구현할 수 있게 해 주었지만 그 작동 방식은 뇌의 그것과는 다르다. 특히 빅 데이터에 절대적으로 의존하는 인공지능은 적은 데이터로도 학습과 추론이 가능한 인간의 뇌와 정확히 대응할 수 없다. 그러므로 디지털화된 정보를 뇌와 직접 연결하거나 그것이 뇌를 대체한다는 생각은 너무 앞서 나가는 것이다(이진경, 2017). 체화주의에 따르면, 인간의 지능은 단순히 뉴런과 시냅스 연결망의 정보 처리로 환원되지 않고 보다 복잡한 맥락 속에서 작동한다. 신경망은 입력된 데이터를 바탕으로 추론하지만, 인지 과정은 네이글이 말한 주관적 영역, 즉 주체의 신체적 감각, 정서, 시간적 경험 등의 요소들에 의해 영향을 받기 때문이다. 또한 신경망은 고립된 데이터 속에서 학습하지만, 인간의 지능은 환경과의 열린 관계 속에서 발달한다. 움베르토 마투라나와 프란시스코 바렐라(Maturana & Varela, 1984/ 2007)에 의하면 뇌와 신체 그리고 환경은 상호 작용하면서 서로에게 구조 변화를 유발한다. 유기체는 이 과정에서 자신의 고유한 세계를 만들어 내는데 이것이 각 생명 형태의 주관적 경험의 원천이 된다. 신경망 기술은 이러한 과정을 재현하지 못하므로 인간 지능의 본질적인 특징을 포착하기엔 난관이 따른다.

인간과 기계의 열린 관계

인간 의식의 주관적 차원을 고려하는 것은 더 이상 인간 중심주의에 머무는 것이 아니라 모든 생명체들이 가진 주관성에서 출발해 인간의 독특성을 인정하고, 인간과 인공지능의 관계를 단순한 동일성의 차원이 아니라 차이에 기초해 새롭게 정립할 필요성을 의미한다. 오늘날 이러한 생각은 인문학 기반의 포스트휴머니즘의 여러 경향들에서 널리 퍼지고 있다.

생명과 기계의 동일성은 데카르트 시대부터, 인간과 기계의 동일성은 데카르트를 이어받은 라메트리로부터 지속되어 온 소박한 유물론의 주장이다. 이 입장이 존재자들의 실체적 차원의 동일성을 의미한다면 1950년대에 제시된 초기 사이버네틱스 입장은 그것들 간의 기능적 동일성을 강조한다. 사이버네틱스 학자들은 기계의 새로운 개념을 제시함으로써 기계들의 일반 이론을 구성하고자 했는데 그 핵심은 기계들의 기능, 작동 방식, 행태에 관련된 것이다. 여기서 기계든, 인간이든, 생명이든, 사회든, 동일한 방법론으로 연구가 가능하다면 그것들을 다르게 취급할 이유가 없는 것이다. 인공지능 연구자들이 인간의 지능과 기계의 지능을 동일시하는 것은 사이버네틱스의 태도를 이어받은 데 기인한다(Dupuy,

1999/2023).

시몽동(Simondon, 2005/2017)에 의하면 이러한 태도는 개체들의 발생과 역사를 고려하지 않는 점에서 문제가 있다. 인간이든, 기계이든, 개체들의 현재 상태만이 아니라 개체화의 과정 자체가 현재의 상태를 가능하게 만든다. 그중에서 물리적 개체나 생명적 개체는 전개체적 (에너지) 퍼텐셜로부터 직접 유래하지만 인간의 탄생을 가능하게 하는 정신적, 집단적 개체화는 생명적 개체화를 기반으로 하는 2차적 개체화다. 기술적 개체화 역시 자연과 인간의 관계 속에서 탄생하는 점에서 2차적 개체화다. 모든 종류의 개체화는 직간접적으로 전개체적 퍼텐셜에서 유래하지만 그것들이 개체화될 때의 문제 상황에 의해 다른 방식으로 구조화되며 고유한 역사와 고유한 작동 방식을 갖게 된다. 이런 이유로 존재자들의 분류는 동일성이 아니라 차이에 바탕을 두어야 한다. 일종의 다원론적 사고라 할 수 있다. 이런 생각은 들뢰즈(Deleuze, 1968/2004)에게도 잘 나타나 있다. 들뢰즈의 '존재의 일의성(univocité)' 개념에 의하면 개별자들이 서로 간에 불균등한 양상을 가짐에도 불구하고 존재는 그것들에 평등하게 분배되어 있다. 이는 동일성의 기준을 제시하고 이에 의해 존재자들을 위계적으로 분류하는 것이 아니라 다양한 존재자들의 차이를 인정하고 그것들에 동등한 존재를 부여하는 것이다. 이때 동등함이란 실체적 차원이 아니라 가치론적이고 의미론적 차원의 동등성을 말한다.

존재자들의 존재론적 동등성을 인정하게 되면 가장 먼저 해야 할 일은 전통적인 위계를 해체하는 것이다. 전통적인 휴머니즘이 문제시한 계급이나 성별, 인종 등과 관련한 인간들 사이의 위계만이 아니라 정신과 신체, 인간과 기계, 인간과 타 생명체들 및 인간과 환경 간의 위계 관계 등에 대해서 재고해야 한다. 이 대부분의 위계 관계는 정신적 존재로서의 인간이 타자들을 지배하고 통제하려는 데서 유래한다. 그런데 무엇보다 인공지능의 발달은 이러한 태도에 일격을 가하는데, 그것은 디지털화된 일종의 정신적 기계의 탄생으로서 인간의 본성을 위협하는 것으로 보이기 때문이다. 캐서린 헤일스(Katherine Hayles)는 저서 『우리는 어떻게 포스트휴먼이 되었는가』(1999/2013)에서 사이버네틱스와 정보 기술이 인간 이해를 어떻게 변형시켰는지 분석한다. 컴퓨터는 단순히 도구가 아니라 현실을 구성하는 조건들을 만들어 낸다. 인간 정체성은 물질적 신체와 디지털 정보 사이에서 상호 작용하며 재구성된다. 소셜 미디어, 가상 현실(VR), 그리고 디지털 아바타와 같은 기술은 인간이 스스로를 표현하고 상호 작용하는 방식을 변화시킨다. 인공지능 기계는 우리와 언어를 공유하며 세계를 공동으로 구성한다. 즉, 우리가 그것을 창조하는 만큼 그것들도 우리를 창조한다고 할 수 있다. 이는 인간과 기계가 더 이상 위계 관계가 아니라 동반자 관계로 이해되어야 할 것을 요구한다.

그러나 디지털 기술이 인간의 신체적 정체성을 제거하거나 대체하는 데까지 가는 것은 아니다. 트랜스휴머니즘이나 기술 기반만을 강조하는 포스트휴머니즘은 여전히 정신과 물질의 이원론적 발상에 머물러 있으며 인간 중심주의를 벗어나지 못한다. 헤일스는 비판적 포스트휴머니즘의 입장에서 디지털 기술이 인간의 신체를 대체하는 것이 아니라, 정체성 형성의 새로운 차원을 추가하는 것으로 본다. 인간은 신체와 환경에 체현된 존재이며 인공지능을 구성하는 정보 기술 또한 물질적 매체(하드웨어)에 체현되어야 한다. 물질의 독특한 속성들은 지속적으로 기술 발달의 토대가 되어 왔고 여전히 기술성의 핵심에 있다. 우리는 시몽동이 말하듯이 "기술성의 정신적이고 실천적인 우주" 안에서 살고 소통하는 동시에 물질적 환경에 발을 디디고 있다(Simondon, 1958/

2011). 거대한 연결망(network) 속에서 제2의 자연이 되고자 하는 디지털 기술은 존재자들 간의 동반자 관계를 요구하는 만큼이나 그 존재자들이 뿌리내리고 있는 물적 조건을 요구한다는 것을 잊어서는 안 된다(황수영, 2021).

참고문헌

이진경(2017). 인공지능과 철학적 인간학: 인공지능과 사이보그가 던지는 철학적 물음들. ≪마르크스주의 연구≫, 14(4), 202-233쪽.

황수영(2021). 시몽동의 기술 철학에서 규범성의 문제: 생명적 규범성과 사회적 규범성 사이에서. ≪근대철학≫, 18, 51-90쪽.

Deleuze, G.(1968). *Différence et répétition*. 김상환 옮김(2004). 『차이와 반복』. 민음사.

Dupuy, J.-P.(1999). *Aux origines des sciences cognitives*. 배문정 옮김(2023). 『마음은 어떻게 기계가 되었나: 인지과학의 기원 또는 사이버네틱스』. 지식공작소.

Edelman, G. M.(1991). *Bright air, brilliant fire*. 황희숙 옮김(1998). 『신경과학과 마음의 세계』. 범양사.

Hayles, K.(1999). *How we became posthuman: Virtual bodies in cybernetics, literature, and informatics*. 허진 옮김(2013). 『우리는 어떻게 포스트휴먼이 되었는가: 사이버네틱스와 문학, 정보 과학의 신체들』. 플래닛.

Kurzweil, R.(2005). *Singularity is near: When humans transcend biology*. 김명남·장시형 옮김(2007). 『(기술이 인간을 초월하는 순간) 특이점이 온다』. 김영사.

Maturana, H. R. , & Varela, F. J.(1984). *Der Baum der Erkenntnis.* 최호영 옮김(2007). 『앎의 나무: 인간 인지능력의 생물학적 뿌리』. 갈무리.

Moravec, H. P.(1988). *Mind children: The future of robot and human intelligence.* 박우석 옮김(2011). 『마음의 아이들: 로봇과 인공지능의 미래』. 김영사.

Nagel, T.(1980). What is it like to be a bat?. In *The language and thought series*(pp.159-168). Harvard University Press.

Simondon, G.(1958). *Du mode d'existence des objets techniques.* 김재희 옮김(2011). 『기술적 대상들의 존재 양식에 대하여』. 그린비.

Simondon, G.(2005). *L'individuation à la lumière des notions de forme et d'information.* 황수영 옮김(2017). 『형태와 정보 개념에 비추어 본 개체화』. 그린비.

09

인공지능과 윤리

인공지능의 작동과 사용은 인간과의 관계 속에서 윤리적 문제들을 야기할 수 있다. 그것은 도덕적 행위의 영향을 받는 피동자라는 측면에서 소프트웨어 알고리즘의 편향성 문제, 데이터 손상, 보안 위협, 사생활 침해 등에 노출될 수 있다. 또한 인공지능 기계는 일정한 수준에서 자율적인 결정 능력을 갖추고 실행하기에 인간의 의도와 무관한 예측 불가의 결과를 초래할 수 있다는 문제가 있다. 이런 측면에서 인공지능 로봇에게 책임을 물을 수 있는 사회적, 법적 시스템을 구축하는 것이 필요하다.

AI와 화장품?

윤리적 존재자의 조건, 실천 이성과 자율성

인간만이 아니라 생명, 환경, 더 나아가 자연 전체를 포함해 존재론적 차원에서 모든 존재자들의 동등성을 전제한다면 다원주의 윤리가 필요하다. 인공지능을 비롯한 기계들 역시 고유한 발생 과정과 작동 방식을 갖는 한에서 존재자들의 대열에 합류시킬 수 있다. 이런 태도는 인간주의를 넘어서서 각 존재자의 고유한 가치를 인정하는 열린 태도라고 할 수 있다. 그런데 자연 속에서 다양한 존재자들은 다양한 방식으로 상호 작용을 하고 있으며 이로부터 여러 가지 문제들이 야기될 수 있다. 특히 인공지능의 작동, 사용, 그리고 그것들이 인간과 맺는 관계는 독특한 차원의 윤리 문제들을 야기할 수 있다. 그것은 기계의 탄생과 발달이 인간과의 관계에 기원을 갖기 때문이다. 그것들이 야기하는 윤리적 물음들은 인공지능 기계의 특수성과 인간의 관심을 동시에 반영할 수밖에 없다. 우선 인간의 관점에서 윤리적 존재를 규정하는 조건은 무엇일까.

인공지능은 인간의 정신 활동에 도전하는 측면에서 인간이 이성적 동물이라는 정의를 무색하게 만든다. 기능주의에서 하듯이 지적 기능만을 비교한다면 이런 지적이 타당할 수 있다. 그러나 전통적으로 이성은 단순한 분석적 · 계산적 기능으로 환원되지 않고 자신을 되돌아 보는 반성적 사유, 세계와 인간에 대한 종합적 사유, 무엇보다 선이나 옳음을 추구하는 실천적 지향을 갖는다는 점에서 훨씬 광범위한 개념이다. 플라톤에게 선의 이데아는 진리와 윤리에 관련된 이데아들을 함께 정돈하고 그것들에 정당성을 부여하는 근원적 이데아다. 즉, 진리와 윤리는 기원에서 분리되어 있지 않고 따라서 진리는 윤리적 가치를 가지며 윤리적 행위도 진리를 조건으로 가진다. 따라서 이성은 이론과 실천을 통합적으로 아우르는 기능이다. 한편, 아리스토텔레스의 경우 진리와 윤리의 영역은 분리되고 이에 따라 이성은 이론적이고 실천적인 두 기능을 갖는다. 근대의 칸트에 와서 이론 이성과 실천 이성은 더욱 첨예하게 분리된다. 아리스토텔레스의 실천적 이성이 행복의 추구라는 현실적 목적을 가지고 있다면 칸트의 실천 이성은 도덕 법칙을 세우고 이를 준수하는 자율성을 본질로 갖는다.

모든 존재가 존재론적 차원에서 동등하다고 해도 구체적인 윤리 문제들은 사회적 기반에서 생겨나고 해결책도 그 안에서만 제시될 수 있으며 존재자들의 상호 작용의 양상에 따라 여러 가지 윤리 이론들이 공존할 수 있다. 아리스토텔레스의 실천적 이성이 개인의 덕을 향상시킴으로써 도덕적 완성을 추구하는 동시에 상황과 맥락에 따른 문제 해결을 목표로 한다면, 칸트의 실천 이성이 설정하는 도덕 법칙의 보편적 특성은 사회나 인류라는 범주에서 체계적인 방식으로 그 효과를 극대화할 수 있다. 이성적 존재자는 타율에 의해 도덕 법칙을 따르는 것이 아니라 입법가처럼 보편적 원리에 맞는 도덕 법칙을 설정하고 거기에 스스로 복종한다. 의지가 어떤 목적을 세우고 실천을 위해 스스로 결정하는 능력을 말한다면 스스로 세운 보편적 법칙에 스스로 복종하는 것은 의지의 자율성으로부터 나온다. 자율성은 이성적 주체가 스스로 선택한 행위에 대해 책임을 져야 한다는 윤리적 원리의 근간이 된다. 이러한 특성에 부합하는 존재자는 단지 인간뿐이며, 인간은 책임과 의무의 주체이고 그러한 점에서 존엄성을 가진다(Kant, 1786/2019). 칸트의 자율성 개념은 근대 자유주의 사회에서 도덕적 · 정치적 체계의 정당성을 평가할 수 있는 중요한 기준으로 자리잡았다.

그렇다면 본능에 의해 움직이는 동물이나 비이성적 존재 혹은 인공지능 기계는 도덕적 존재로 간주될 수 없을까? 칸트적 의미에서 이들은 법칙을 스스로 입법하거나 따를 수 없기에 상대적 가치를 가진 존재이고 자율적인 도덕적 주체는 될 수 없다. 그러나 공리주의자 제러미 벤담(Jeremy Bentham)은 동물이나 비이성적 존재들도 도덕적 행위의 영향을 받는 위치에 있기 때문에 이들을 도덕적 고려의 대상으로 간주한다. 피터 싱어(Singer, 1979/2013)는 이러한 존재자들을 피동자(patient)라고 부르며 도덕적 행위자는 피동자의 이익과 복지를 고려할 의무를 가진다고 한다. 예를 들면 동물 학대나 환경 파괴를 방지하는 것이 도덕적 행위자의 책임이 될 수 있다. 그 근거로 세 가지를 말할 수 있다. 피동자가 고통과 쾌락을 경험할 수 있는 생명적 존재일 경우 그에 합당한 대우를 해야 한다는 것, 그리고 생태계의 상호 의존성과 지속 가능성을 고려하는 경우 그 가치를 보존하는 것이 윤리적이라는 판단, 마지막으로 이러한 존재자들을 비윤리적으로 대하는 태도가 인간의 윤리적 본성에 부정적 영향을 미친다는 판단이다. 그렇다면 이와 같은 윤리적 고려가 인공지능 기계에게도 적용될 수 있을까?

인공지능이 제기하는 윤리 문제들

인공지능의 윤리 문제를 거론할 때 관심의 대상이 되는 것은 기계 자체의 도덕적 차원이 아니라 그것이 수행하는 역할이 인간과의 관계에서 어디에 위치하는가, 그것이 인간의 윤리적 가치와 상충할 때 이를 어떻게 해결할 것인가 하는 문제들로 한정된다. 인공지능의 윤리는 그 종류와 대상에 따라 다를 수 있다. 윤리적 대상으로 고려되는 인공지능에는 다양한 영역에서 활용되는 소프트웨어 알고리즘만이 아니라 자율 주행 자동차, 여러 종류의 로봇 등 기계로 체화된 인공지능이 있다. 소프트웨어 알고리즘은 편향성 문제, 데이터 손상, 보안 위협, 사생활 침해 등에 노출되기 쉽고 인공지능 기계는 일정한 수준에서 자율적인 결정 능력을 갖추었을 때 인간의 의도와 무관한 예측 불가의 결과를 초래할 수 있다는 문제가 있다. 이러한 다양한 인공지능 기계에 피동자의 윤리 또는 자율성이나 책임의 윤리를 각각의 특수성을 고려해 변형된 형태로 적용할 수 있다.

피동자 윤리는 고통이나 쾌락과 같은 감정을 느끼는 존재들에만 적용되는 것이 아니라 환경이나 자연과 같이 넓은 의미에서 인간과 상호 의존적인 존재들까지 확대할 수 있다. 인간처럼 감정을 느끼는 인공지능 로봇은 여전히 문학적 상상 속에나 존재하지만 인간과 맺는 관계의 측면에서 인공지능은 상당 부분 인간 행위자의 영향권 아래 있다는 점에서 피동자 윤리의 대상일 수 있다. 이는 특히 그것이 인간의 통제 아래 있는 도구로서 사용될 때 해당되며, 이때는 설계자와 사용자가 피해를 방지할 책임을 가진다. 예를 들어 인공지능 기계의 물리적 손상은 환경 보존의 차원에서 큰 피해를 줄 수 있기 때문에 안정적이고 지속 가능한 환경에서 운영되도록 관리되어야 한다. 또한 인공지능의 개발 및 활용 과정에서 편향적 데이터나 불공정한 알고리즘을 사용하는 것은 사용자인 인간에게 부정적 영향을 미칠 수 있다(신상규, 2017). 따라서 이를 공정하고 투명하게 설계하고 사용하는 것이 도덕적 의무가 될 수 있다. 그뿐만 아니라 휴머노이드 로봇이나 사회적 로봇 같은 경우, 이것들이 실제의 감정을 지니지 못한다고 해도 인간과의 상호 작용 속에서 감정을 모방하는 외양을 보여 준다면 거기에 맞는 윤리가 필요할 수 있다. 예를 들어 감정 로봇을 학대하는 듯한 행위는 인간의 도덕적 본성에 부정적 영향을 미칠 수 있다.

다른 한편으로 근대 윤리학의 핵심을 이루는 자율성의 개념은 일정한 차원에서 인공지능의 주요한 특징으로 자리 잡았다. 인공지능은 인간이 설계한 알고리즘과 데이터 기반으로 작동하지만, 특정 조건에서 스스로 학습하고 판단하며 독립적으로 행동할 수 있다. 예를 들면 자율 주행 차, 우주 탐사 로봇, 추천 알고리즘, 챗봇 등은 인간의 개입 없이 의사 결정을 하고 결과를 실행한다. 이는 정해진 프로그램에 따라 행동하는 자동적 과정이 아니라 기계 학습의 절차를 통해 이루어진다. 알파고는 이런 과정에 의해 스스로 바둑을 두는 방법을 배우고 새로운 입력에 대해 반응하거나 동일한 입력에 대해서도 다르게 반응할 수 있게 된다. 그렇다고 해도 이는 인간과 비교하면 매우 제한된 의미의 자율성이다(고인석, 2017). 인간에게서 윤리적 의미를 갖는 자율성은 행위의 목표와 결과에 대해 숙고한 후 자신의 결정을 실천에 옮길 수 있는, 반성적이고 의지적인 주체를 필요로 한다. 인공지능이 이러한 능력을 지니는 것은 기대할 수 없으나 그것이 행할 수 있는 독립적 결정과 행동은 도덕적 의미를 갖는 결과를 초래할 수 있다. 예를 들면 의료 분야에서 인공지능의 판단은 환자의 생명과 직결될 수 있으므로, 그것의 작동과 결정 과정에 대한 도덕적 검토가 필수적이다.

'기능적 자율성'이라는 명칭으로 불리기도 하는 인공지능의 자율성은 인간과의 관계에서 윤리적 문제들, 특히 책임 소재의 문제를 야기한다. 이런 의미에서 인공지능을 제한적 의미의 도덕 행위자로 보고 윤리적 · 법적 책임을 부과하려는 시도가 진행되고 있다(박남기, 2020). 인공지능의 윤리로서는 이미 1942년에 SF 소설가 아이작 아시모프(Isaac Asimov)가 제시한 로봇 3원칙이 잘 알려져 있는데 내용은 다음과 같다. 1) 로봇은 인간을 다치게 해서는 안 되고, 또는 위험에 처한 인간을 방관해서도 안 된다. 2) 로봇은 인간의 명령에 복종해야 한다. 단, 인간의 명령이 1원칙과 상충하는 경우는 예외로 한다. 3) 로봇은 1, 2원칙에 어긋나지 않는 한에서 자신을 보호해야 한다. 아시모프의 원칙은 인공지능의 행동 윤리의 최소한의 기준을 제시한 것으로 주로 약인공지능에 적용된다. 약인공지능은 인간과 같은 자의식과 자율성이 없이 제한적이고 구체적인 목적을 수행하도록 설계된 인공지능 기계로서 아시모프의 원칙을 설계 단계에서 적용해 그것이 윤리적 행동을 하게끔 유도할 수 있다. 강인공지능(일반 지능)은 인간 수준의 자율적 사고와 의식을 가진 인공지능을 말하지만 현재로서는 SF적 상상에서만 가능하다. 그러나 약인공지능도 윤리적 원칙이 적용되는 맥락이 모호한 경우가 많아 한계를 노출할 수 있다. 무엇보다 기계 학습과 심층 학습으로 복잡성을 증가시키는 과정에서 인간의 통제를 벗어나거나 의도하지 않은 결과를 초래하는 상황이 올 수 있다. 또, 알고리즘이 고도로 복잡해 시스템이 특정 결정을 내리는 이유를 인간이 이해하거나 설명하기 어려운 경우가 많은데, 예를 들어 의료 진단 같은 경우 인공지능의 판단 근거를 명확히 알 수 없는 상황이라면 실행에 제약이 따를 수 있다.

한편, 유럽연합 의회는 2017년 인공지능과 로봇 공학의 윤리적 · 법적 문제를 다루기 위해 발의된 보고서에서 인공지능 로봇에 '전자 인격(electronic personhood)'을 부여할 가능성을 언급하기도 했다. 이는 일정 수준의 자율성을 가진 로봇이 특정한 상황에서 법적 책임의 주체가 될 수 있음을 의미한다. 법인격이 기업에 부여된 것처럼 인공지능에도 유사한 방식이 적용될 수 있다. 그러나 이는 인공지능과 관련된 법적인 시스템을 미리 설계하려는 시도가 필요하다는 것을 보여 줄 뿐 전자 인격이 법적으로 구체화되거나 실제로 적용된 사례는 아직 없다. 따라서 인공지능 기술의 발전에 대비하기 위해 로봇의 권리와 의무를 법적 체계 안에서 어떻게 설정할 것인지 논의해야 할 필요가 대두된다.

참고문헌

고인석(2017). 인공지능이 자율성을 가진 존재일 수 있는가?. ≪철학≫, 133, 163-187쪽.

박남기(2020). 인공지능과 윤리적 이슈. ≪언론정보연구≫, 57(3), 122-154쪽.

신상규(2017). 인공지능은 자율적 도덕행위자일 수 있는가?. ≪철학≫, 132, 265-292쪽.

Kant, I.(1786). *Grundlegung zur Metaphysik der Sitten.* 이원봉 옮김(2019). 『도덕 형이상학을 위한 기초 놓기』. 책세상.

Singer, P.(1979). *Practical ethics.* 황경식·김성동 옮김(2013). 『실천윤리학』. 연암서가.

10
기술과 마술

근대의 기계적 자연관이 마술적 사고로부터 과학적 사고를 분리한 이후 자연은 신비의 대상이 아니라 수학적 설명의 대상이 되었다. 과학 기술과 인문적 문화의 대립이 가속화되어 일반인들의 과학 기술에 대한 무지와 무관심이 고착화된다. 특히 첨단 기술에 대한 접근의 어려움은 과거의 마술적 세계에서 느꼈을 법한 혼돈이나 경이감을 야기한다. 새로운 기술적 환경과의 적극적 상호 작용을 통해서 기술을 문화에 결합할 필요가 있다.

종교와 AI?

기술과 마술의 기원: 동일성과 분화

기술과 마술은 자연을 통제하고 변형해 인간의 욕망을 실현하려는 공통점을 갖는다. 기술은 도구를 만들어 자연을 이용하고 마술은 동작이나 말, 그리고 특수한 상징들을 통해 현실을 지배하려고 한다. 차이점은 마술이 사용하는 주술, 주문, 의식(儀式) 등은 인간이 욕망을 세계에 직접 투사하는 방식들이며, 기술이 만들어 내는 도구는 자연적 재료와 경험적 인과관계를 활용하는 점에서 간접적 수단이라는 것이다. 기술은 자연의 운행 법칙에 대한 지식과 경험을 이용할 때 효과적이기 때문에 오늘날에는 과학의 발달과의 상호 작용이 필수적인 것으로 간주된다. 그러나 이는 산업 혁명을 전후해 일어난 매우 최근의 현상이며 기술의 탄생과 역사는 오히려 마술의 전개 과정과 같은 궤적 속에서 이루어졌다. 초기 인간 사회에서 기술적 활동은 종종 마술적 의례와 결합되었는데, 예를 들면 농경 기술의 발전은 풍작을 기원하는 의식이나 기우제와 함께 이루어졌다. 마술적 행위는 공동체의 결속을 강화하는 데 기여했고 기술적 도구들도 단순히 물리적 의미가 아니라 상징적 의미를 지니곤 했다.

그런데 인류 역사의 초기 단계에서 마술이 지니는 의미는 단순히 초자연적 힘에 의지해 욕망을 실현하는 데

머무는 것이 아니라 훨씬 심오하고 광대한 영역을 포괄하고 있다. 마술이 종교나 과학, 기술이 태동할 수 있었던 모체가 된다는 것은 인류학자나 철학자 심지어 과학사학자들의 공통된 견해이기도 하다. 프레이저(Frazer, 1890/2001)는 마술에서 종교, 과학으로 나아가는 과정이 연속적이라고 주장하고, 카시러(Cassirer, 1923/2014)는 인간이 근본적으로 상징을 통해 세계와 관계를 맺는 존재이며 마술과 기술은 세계에 의미를 부여하고 현실을 통제하려는 상징적 활동이라는 점에서 연속성을 갖는다고 본다. 마술은 상징 형식의 초기 단계로, 감성적이고 직관적인 세계관에 머무르지만 기술과 과학은 점차 상징체계를 정교화하며 논리적 사고와 경험적 지식의 축적을 통해 발전한다. 엘리아데(Eliade, 1956/1999)에게서도 마술은 신화적 사고와 의례를 포함하는 상징적 행위로 간주되며 그것의 핵심은 유용성을 넘어서 세계를 신성화하고 초월적 질서와의 연결 속에서 세계의 의미를 발견하는 상징적 실천으로 이해된다. 기술은 마술적 의례와 결합되어 있었으며, 초기 인류는 기술적 행위를 신화적 세계관과 결합된 성스러운 행위로 여겼다. 대장장이는 새로운 물건을 만드는 창조자로서 종종 신화적 인물로 묘사된다. 금속 제련과 같은 작업은 불과 대지의 결합을 통해 우주의 창조 과정을 재현하는 것으로 여겨졌다.

마술과 기술 그리고 과학의 관계는 근대에 이르러 결정적인 전환점을 맞이하게 된다. 우선 마술과 과학의 경우 그 관계가 연속적인가, 단절적인가 하는 데는 논란이 있는데 적어도 근대 초의 사상가들은 분명한 단절적 태도를 보여 준다. 베이컨은 관찰과 실험에 기반한 경험적 방법론에 기반을 두고 마술적 사고와 과학을 명확히 구분했고, 데카르트는 이성에 기초한 수학적 · 논리적 방법을 통해 과학적 사고의 토대를 마련했다. 데카르트의 기계적 자연관은 마술적 사고와 과학 사이의 분리를 심화시켰다. 근대 과학은 자연을 신비화된 대상으로 보는 대신, 명확하게 수학적으로 설명할 수 있는 대상으로 변모시켰다. 한편, 기계적 자연관이 기술의 가치를 재정립하는 계기가 되었지만 근대 초기에 과학과 기술은 각각 이론적 영역과 실용적 영역에서 진행되는 별개의 활동으로 간주되었다. 그러나 양자 간의 상호 작용이 서서히 나타나고 이는 근대 후기에 이르러 가속화된다. 17세기 초에 갈릴레이의 망원경 발명이 천문학적 발견의 혁신을 일으킨 것처럼 기술적 도구는 과학적 관찰과 실험의 정밀성을 높이는 데 중요한 역할을 했다. 다른 한편으로,

근대 과학의 이론적 성과는 점차로 기술 발전의 기반이 되었다. 뉴턴의 역학은 정밀 공학과 천문학적 계산에 영향을 주었으며, 이후 19세기 과학 기술 혁명에서 중요한 이론적 기반이 되었다.

첨단 기술에 대한 무지와 신성화

마술적 요소들을 제거한 데카르트와 뉴턴의 기계론적 세계상은 19세기 산업 혁명을 거치면서 인간 삶의 다양한 모습으로 구체화된다. 이 시기에 기술은 경제와 사회 변화의 핵심적 잠재력이자 동인으로 부상한다. 증기 기관을 동력원으로 하는 방적기, 철도, 증기선 등은 기술 혁신이 인간 생활을 재편할 수 있는 강력한 도구임을 보여 주었다. 이 과정에서 산업화와 기계화의 상징으로 여겨진 기술은 인간 본연의 감정과 영혼을 중시하는 낭만주의와 대립하게 된다. 낭만주의는 자연이 단지 생명 없는 기계처럼 작동하는 것이 아니라 인간의 이성으로 파악할 수 없는 신비와 초월적 질서를 내재하고 있으며 상상력과 직관, 공감을 통해 접근해야 한다고 주장한다. 이러한 태도는 기술이 마술과 분리됨으로 인해 인간이 잃어버린 또 다른 측면을 상기시킨다. 과학 기술과 인문적 문화의 분리는 20세기 초에 가속화되고 고착화된다.

기술은 산업과 군사적 필요에 따라 빠르게 발전하면서 전기, 항공, 자동차, 통신 등 각 분야에서 막대한 영향력을 가지게 되었다. 그 결과는 문화적 맥락에서 과학 기술의 소외 그리고 인문적 지식인들을 포함한 일반인들의 과학 기술에 대한 무지와 무관심이다. 1959년 찰스 스노우(Charles P. Snow)는 이러한 상황을 『두 문화와 과학혁명』(1959/2001)이라는 책에서 잘 묘사하고 있다.

오늘날 첨단 기술의 비약적 발전으로 과학 기술에 대한 대중의 관심은 과거보다는 높아진 듯하다. 대학에서 과학사, 과학 사회학, 과학 철학 등이 연구되고 가르쳐지는 것도 중요한 요인이다. 그러나 20세기 후반에 나타난 최첨단 기술들은 이전의 기술과 비교해 더욱 더 난해하고 복잡한 양상으로 발전해 더욱 더 일반인의 접근이 어려워지고 있다. 근대적 기술은 물리적·직관적으로 작동 원리를 이해할 수 있었지만, 현대의 기술은 인간의 일상적 경험과 직관으로 쉽게 접근할 수 없는 특성을 지닌다. 예를 들면 생명 공학, 나노 기술, 인공지능 등은 분자와 원자 수준, 정보 처리 또는 수학적 알고리즘과 같은 추상적인 원리를 바탕으로 이루어진다. 게다가 현대 기술은 높은 수준의 전문성과 학제 간 융합을 필요로 하기 때문에 그 작동 원리나 함의를 비전문가가 이해하는 데

어려움이 많다. 예를 들어 생명 공학은 생물학, 유전학, 화학, 데이터 분석의 조합을 필요로 하며 인공지능은 수학적 모형, 프로그래밍, 고난도의 신경 과학 지식을 요구한다. 구체적으로 보면 자율 주행 자동차는 센서, 머신러닝, 통신망, 전기 공학 등이 융합된 시스템이다.

일반인들이 첨단 기술을 접할 때 나타나는 이러한 어려움은 과거의 마술적 세계에서 인간이 느꼈을 법한 혼돈이나 성스러움의 감정을 야기할 수 있다. 그중의 한 가지는 지그문트 프로이트(Sigmund Freud)가 제시한 '두려운 낯섦(das Unheimlich)'이라는 감정과 유사한데, 무생물이 생명을 가진 존재처럼 느껴질 때, 친숙한 것이 비정상적이거나 낯설게 느껴질 때 발생하는 불편한 감정을 일컫는다(프로이트, 2020). 예를 들어 휴머노이드 로봇은 인간처럼 보이지만 완전히 인간은 아닌 존재로, 유사성이 일정 수준을 넘어가면 불편하고 섬뜩한 감정이 급격히 증가한다(박제철, 2024). 이런 부정적 감정의 가파른 증가가 나타나는 구간을 로봇 공학에서는 '언캐니 밸리(uncanny valley)'라고 부른다(Mori et al., 2012). 다른 한편으로 기술적 대상의 압도적인 규모와 힘은 단순한 경탄을 넘어서서 어떤 종류의 숭고의 감정에 비교할 수 있는 느낌을 자아낼 수 있다. 칸트(Kant, 1790/2009)

가 말하는 숭고의 감정은 인간이 감당할 수 없을 정도로 거대하거나 강력한 대상을 마주했을 때 느끼는 감정으로 별이 가득한 밤하늘, 끝없이 펼쳐진 산맥이나 거칠게 몰아치는 폭풍과 같이 우리의 감각과 이해를 압도하는 대상을 마주했을 때 발생한다. 기술적 대상도 마찬가지로 작용할 수 있다. 2021년 발사된 제임스 웹 망원경(JWST)은 백수십억 광년 이전 초기 우주에서 형성된 은하와 별을 관찰할 수 있게 해 준다. 이는 인간이 경험할 수 있는 시간과 공간의 경계를 확장해, 거대한 우주 속에서 인간의 위치를 되돌아보게 하는 점에서 칸트가 설명한 "자연의 거대함에 압도되는 경험"과 유사한 데가 분명히 있다. 이와 유사한 놀라움과 경외의 감정은 방대한 데이터를 상상할 수 없을 정도로 빠르게 학습하고, 복잡한 문제를 해결하며, 인간의 고유한 능력으로 여겨졌던 창의성의 영역에 도달하는 인공지능의 힘을 목격할 때도 나타날 수 있다.

일상적 감정을 넘어서는 이러한 경이와 당황스러움은 근대적 기술에서는 두드러지지 않던 것이다. 그것은 단지 환각이나 두려움 같은 심리적 차원의 현상도 아니고, 인식의 어려움에 기인하는 것만도 아니다. 그것은 새로운 기술적 환경이 인간의 삶과 어우러지며 만들어진 상호 작용의 일부로 보아야 한다. 우리가 현대의 첨단 기술 환경에 얼마나 익숙해져 있는가 하는 것은 대규모 인터넷 중단 사고나 데이터센터의 화재로 인해 서비스가 중단될 때 많은 사람들이 불안감과 상실감을 경험하는 것을 보아도 알 수 있다. 오늘날 디지털 인프라는 단순히 기술적 문제를 넘어서서 현대인의 삶을 지탱하는 보이지 않는 구조물로, 우리는 그 존재 자체를 준자연적인 것처럼 당연한 것으로 전제하는 듯하다. 시몽동(Simondon, 1958/2011)은 기술적 구조물이 파괴될 때 인간이 느끼는 감정은 과거 신성한 상징물이 훼손되었을 때 느껴진 신성 모독의 감정과 유사하다고 지적한다.

기술이 마술로부터 분리되어 나온 후 독자적으로 가속화되는 현실을 인간이 어떻게 수용하고 그와 적절한 관계를 맺을 것인가, 선사 시대 이래 인간성을 좌우하던 감정이나 직관적 사유는 새로운 세계 속에 어떻게 융합될 수 있을 것인가. 이러한 문제는 기술적 환경을 적극적으로 받아들인다는 전제 아래서만 그 해결을 모색할 수 있다(Guchet, 2009). 현대의 기술은 정보적 집합체로, 즉 본질적으로 연결망(network) 안에서 작동한다. 이 연결망은 생태계에 버금가는 '기술계(technosphere)'를 구성하며 기술과 마술의 근대적 분리를 보완하는 통일성을 가져다준다. 인간은 이 새로운 환경에서 새로운 감정들, 새로운 사유를 직조해 기술을 인간의 문화에 융합시켜야 할 운명에 직면해 있다(황수영, 2019).

참고문헌

박제철(2024). 인간-인공지능의 인지-정동적 재배치와 포스트휴머니즘 영상미학. ≪인문과학연구≫, 81, 171-179쪽.

프로이트(2020). 『예술, 문학, 정신분석』(프로이트 전집 14). 정장진 옮김. 열린책들.

황수영(2019). 시몽동의 기술 철학, 인간과학의 정초를 위한 시도. ≪철학연구≫, 125, 195-226쪽

Cassirer, E.(1923). *Philosophie der symbolischen Formen. Zweiter Teil. Das mythische Denken.* 박찬국 옮김(2014). 『상징 형식의 철학. 제2권: 신화적 사유』. 아카넷.

Charles, C. P.(1959). *Two cultures and the scientific revolution.* 오영환 옮김(2001). 『두 문화』. 사이언스북스.

Eliade, M.(1956). *The forge and the crucible.* 이재실 옮김(1999). 『대장장이와 연금술사』. 문학동네.

Frazer, J. G.(1890). *The golden bough.* 이용대 옮김(2001). 『황금가지』. 한겨레신문사.

Guchet, X.(2009). La technologie et les sciences sociales. In J.-H. Barthélémy(Ed.), *Cahiers Simondon Numero 1.* L'Harmattan.

Kant, I.(1790). *Kritik der Urteilskraft.* 백종현 옮김(2009). 『판단력 비판』. 아카넷.

Mori, M., et al.(2012). The uncanny valley. *IEEE Robotics & automation magazine*, 19(2), pp.98-100.

Simondon, G.(1958). *Du mode d'existence des objets techniques.* 김재희 옮김(2011). 『기술적 대상들의 존재 양식에 대하여』. 그린비.

황수영

홍익대학교 교양과 교수로 재직했으며 현재 퇴직했다. 서울대학교 생활과학대학 졸업 후 동 대학 철학과에서 학사와 석사를 마쳤고, 프랑스 파리4대학에서 1997년 "프랑스 유심론에서 습관의 문제: 멘 드 비랑, 라베송, 베르그손"이라는 논문으로 철학 박사 학위를 받았다. 한양대학교 연구교수, 한림대학교 인문한국(HK) 교수, 세종대학교 초빙교수를 거쳤다. 프랑스 생명철학의 전통을 주로 연구하고 있으며 역서로는 베르그손의 『창조적 진화』(2005)와 시몽동의 『형태와 정보 개념에 비추어 본 개체화』(2017), 저서로는 『물질과 기억, 시간의 지층을 탐험하는 이미지와 기억의 미학』(2006), 『베르그손, 생성으로 생명을 사유하기: 깡길렘, 시몽동, 들뢰즈와의 대화』(2014), 『시몽동, 개체화이론의 이해』(2017), 『질베르 시몽동』(2018), 『근현대 프랑스철학의 뿌리들』(2021)이 있다.